随着岁月流转，我与孩子们之间、孩子们与孩子们之间的故事在我身边不断上演。那些星光闪耀的眸子、那些清脆明亮的嗓音、那些调皮动人的笑容、那些青春蓬勃的面庞，甚至是他们犯下的那些错误，常常花儿般摇曳在我的心头，使我的心长久地沉醉；那些或平淡或曲折的故事，不停地叩击着我的心房，涌动在我的笔尖……

做个智慧快乐的班主任

李宝虹 著

南方出版社

·海口·

图书在版编目（CIP）数据

做个智慧快乐的班主任／李宝虹著. —海口：南方出版社，
2022.10

ISBN 978-7-5501-7833-5

Ⅰ. ①做… Ⅱ. ①李… Ⅲ. ①班主任
工作 Ⅳ. ①G451.6

中国版本图书馆 CIP 数据核字（2022）第 185815 号

做个智慧快乐的班主任

ZUO GE ZHIHUI KUAILE DE BANZHUREN

李宝虹　著

责任编辑：韩光军
出版发行：南方出版社
地　　址：海南省海口市和平大道 70 号
邮　　编：570208
电　　话：0898 – 66160822
传　　真：0898 – 66160830
经　　销：全国新华书店
印　　刷：河南承创印务有限公司
版　　次：2022 年 10 月第 1 版
印　　次：2023 年 1 月第 1 次印刷
开　　本：787mm×1092mm　1/16
印　　张：16.75
字　　数：210 千字
定　　价：58.00 元

梦里依稀蓝衣裙

李宝虹

大学毕业，刚刚走上讲台的第一天，我身着一套色彩明亮的天蓝色衣裙，以班主任的身份，站在了一群刚刚由初中升入高中的少男少女的面前。

起初，他们还以为我是他们未来的同学呢。

是啊，彼时的我，周身充满了青春的活力，也散发着缕缕青涩的气息；双眸澄澈明亮，也有初为人师的惶恐与迷茫；内心有着跃跃欲试的热望与冲动，也还有着能否胜任工作的不安与隐忧……

值得庆幸的是，我还有一腔高涨的热情、一颗为师者的柔软心灵。

我知道，如一株青绿的禾苗，我需要生长、分蘖、拔节、抽穗，需要长期高擎一枝稻穗，经受风雨日光的洗礼，然后让自己一日日走向籽粒饱满；如一位登山的行者，身背空空的行囊，一边仰望重重迷雾中的峰顶，打量蜿蜒曲折的山路小径，一边迈开步伐，深一脚浅一脚，于磕磕绊绊中丈量脚下的每一寸平坦与坎坷，采摘路旁边那些或酸或甜或苦涩的果实，让行囊一点点变得充盈丰裕；如一位初次面对满目幼苗的园丁，开始小心翼翼又手忙脚乱地打理自己园区的一花一草、一木一苗，直起身子擦汗的当儿，憧憬自己终有一天走向从容老到、胸有成竹，走向满心欣慰与自豪的模样……

就这样，我上路了。

时光飞逝中，我经历着日复一日的早出晚归，经历着与学生们一起摸爬滚打的悲欢喜乐，经历着处理班级事务与传授课业的挣扎、困惑与欣喜，经历着繁重、忙碌、欢乐、痛苦、心酸、喜悦的轮番造访与打磨。

渐渐地，我感觉，自己好像触摸到了一点点教育的脉搏与律动。

几年后，由于工作变动，我离开了这所县城高中，怀揣拥抱新生活的热望，在忐忑中走进了郑州市第五十一中学。望着眼前迥异于县城高中的学生——叽叽喳喳、一下课就嬉笑打闹不休的初中生，我知道，自己需要重新面对，重新成长，重新攀登。

又是几年后，我最初带过的那帮高中学生在郑州和我惊喜地重逢。万万想不到，早就踏入社会参加工作已过而立的他们，见到我，第一句话竟然异口同声："老师，你的那身天蓝色衣裙还在吗？"

刹那间，震撼与感动袭击了我：当年，如一张白纸般年轻无知的我，竟然因为班主任的身份，在学生们青春的记忆中留下了如此清晰如此浓重的一笔。作为师者，我何其有幸，何其幸福啊！

于是，再置身于那些天真烂漫的稚嫩笑脸中间，再面对着一双双稚气清亮的眼眸时，我于不停地攀爬探索中，更添了一份热爱与执着，信心与从容。

更好的是，彼时的我，除了一腔不变的热情和一颗为师者的柔软心灵之外，还朦胧地意识到，要想成为一位好班主任，我需要运用智慧，艺术地处理班级中繁杂的大事小情。

不知何时，我的稻穗日渐饱满，我的行囊不再空荡，打理那些花草树木时，我的手脚也不再忙乱。

渐渐地，一种叫作"班级管理艺术"的东西开始在我的头脑中破土、萌芽、迎风招展、走向成熟：应当用一颗博爱的心，慈母般关注学生的成长，将教育化作一门高超的育人艺术，相信教化的力量，无论对什么样的学生都要一视同仁；要细细体察学生们复杂多样的内心世界，及时发现和表扬他们的闪光点，悉心呵护他们敏感的自尊心；成才先成人，不唯分数论学生，教育最首要的是帮助学生获得身心健全发展；机智把握点点滴滴的教育契机，包容学生们各种各样的错误，耐心地纠正和扶持他们；用智慧和耐心激励、鼓舞、唤醒一颗颗稚嫩的心灵，使他们最终能够一步步健康茁壮地成长，走向无限的可能、美好的未来……

在自己的班级管理能力日臻成熟的同时，我也与学生们共同书写和续写着一段又一段美丽温暖的师生缘。

以前所教的高中学生恒、生、汉等，大学毕业后都在郑州工作和定居，与我既是师生，也是朋友，他们常常和我交流孩子的教育问题。

恒的女儿初中就在我的学校就读，我又成了恒的女儿的老师。

凯当年在我的班里做班长，成绩优异，人品极好，没少帮我做班级工作。

后来,他的妹妹静也成了我的学生。再后来,我全程参与了凯的订婚、结婚仪式,还成了他婚礼仪式上的证婚人。

旭从我的班里毕业后,他的表妹艺又成了我的新一届学生……

在检察院工作的娜说:"老师,我最怀念您对我们关于人生的教导,不仅让我们打下了坚实的知识基础,而且使我们能够从容面对人生道路上的许多问题。"

如今也已是一名中学教师的珊说:"我永远忘不了语文课上您让我上台给大家讲古诗的情形,这是促使我踏上讲台的第一步。如今,我始终在努力,希望成为像您一样的好老师,能够影响到千千万万的学生。"

在北京国资委工作的希说:"老师,您不仅教给我们丰富的课业知识,也非常注重培养我们认识美、发现美、感受美的能力,使当时懵懂的我们树立了正确的人生观、价值观。"

在南京一所大学从教的露说:"老师,其实我经常做梦梦到您,梦到同学们,梦到我们的校园。这可能就是所谓的'梦乡'吧,是一辈子都会深深记忆的地方。"

如今已是一家公司老总的青说:"老师,咱俩合照的那张照片我一直放在床头。好多话想给您说,好想您啊!学生不周,没能经常去看望您。"

在郑大一附院做护士长的烨说:"老师,有事情需要我帮忙,您就说一声,您的事就是我的事。我很庆幸自己在叛逆的青春期遇到您,真好!"

刚刚毕业不久的亚说:"老师,最舍不得的就是您。真的,从来没有老师对我这么好,这么爱我。如果不是遇见了您,估计我现在就辍学在外面游荡了。我真想一辈子做您的学生。"

……

于是,我的心,总是被这浓浓的没有血缘的亲情包围着,温暖着,激荡着。

是啊,所谓师生一场,就应当是这样一种互相成就的缘分啊:我引导学生们健康成长,学生们带给我无边的快乐与富足,促使我日益成熟。于是,我们各自收获着属于自己的感动与幸福。

年近半百时,我带的这个班,孩子们整体的学习习惯不好,学习成绩不好。但,与他们朝夕相处了三年时光,我明显地又一次成长了、进步了。感谢这些孩子!他们丰富了我的人生阅历,让我得以更深刻而广阔地瞰视他们身后的那片大地,凝望他们的生长土壤和生命样貌,从而能够用一颗更加柔软的心,更悲悯地体察每个孩子和他们背后的家庭,了悟教育真正的深广含义。

三年间,随着岁月流转,我与孩子们之间、孩子们与孩子们之间的故事在我身边不断上演。那些星光闪耀的眸子、那些清脆明亮的嗓音、那些调皮动人的笑容、那些青春蓬勃的面庞,甚至是他们犯下的那些错误,常常花儿般摇曳在我的心头,使我的心长久地沉醉;那些或平淡或曲折的故事,不停地叩击着我的心房,涌动在我的笔尖……

这一切,都促使我不得不拿起笔,让那些与孩子们在一起的点点滴滴的美好记忆,从笔尖上汩汩地流淌下来。

渐渐地,就汇集成这本《做个智慧快乐的班主任》。

回望自己将近三十年的从教时光,恍然如弹指一挥间。细数自己教导过的学生,有不少已然在闪耀属于他们各自的生命光华与灿烂:是草,它正用绿色点缀大地;是花,它就在鲜妍地绽放;是树,它已葱茏成荫。

而我,不敢妄言自己已经颗粒饱满,或者桃李满园,更不敢妄言自己已经攀上事业的顶峰。但,由当年的青春洋溢到如今的白发渐生,由当年的跌跌撞撞到如今的步履平稳,我已是收获满满。回眸之间,涌上心头的,是快乐,是幸福,是充实,是留恋,是感念……

感谢缘分,感恩遇见。

谨以此书,略表寸心。

爱如彩虹　心暖花开

肖培东

与李宝虹老师相识,是在2016年5月河南许昌全国初中语文"同课异构"教学展示交流研讨会上,她执教鲁迅先生的小说名篇《社戏》。教学设计匠心独运,课堂推进行云流水,配以李老师温婉端庄、大气深情的教师气韵,让人对这堂《社戏》印象极其深刻。李老师课堂结束语中一句动情的"情到深处不讲理",更是引发了我对语文教学"情"与"理"的相关思考,由此我写下一篇《语文教学:行走在情理之间》,这也全是借李老师的语文教学之力。好的语文课,背后其实是好的老师、好的人、好的灵魂。她的语文课和她的班主任工作相得益彰,是契合的,是匹配的。这本新书《做个智慧快乐的班主任》更是明证。

我读过很多语文老师写的书,我自己也写过三两本,但都是和语文、语文教学直接关联的。我们总以为语文就是语文,相关的语文教学思考也都是浸泡在语文课堂教学研究体系中,关键词不外乎"语言运用""文本解读""主问题设计""课堂对话"等。我们给了语文课堂很多技术上的定义与修缮,可是读了李老师的这本书,读了这其中多个生动、清新的教育故事,我更深深地感悟到:好课,首先是因为好人;好教师,才能酝酿并成就好课堂;美好的灵魂,让语文世界永远散发芳香、闪烁光芒。在这浮华、变幻的时代,很庆幸这本书给我带来如此的馈赠——对教育、对我们周围一切的诗意的理解,对我们和我们守望的这个世界挚诚的呼应与热爱。

几次阅读,我从李老师的班主任工作的点点滴滴中,悟出了她语文课堂教学优秀的诸多原因。

比如"实在"。这个时代,浮躁的气息总是让我们内心不得安宁。是遵从自己的内心,还是随波逐流;是直面挑战,还是落荒而逃;是选择喧嚣一时的功利,还是恒久平静的淡定:全看自己如何抉择。遗憾的是,大多数人选择了参与世界的喧嚣,一味向前张望,疲于奔跑然后遗忘,充满妄念又焦虑填膺。浮躁的社会,心静者胜出,脚踏实地者致远。如歌德所说,"在这个躁动的时代,能够躲进静谧的激情深处的人确实是幸福的"。沉浸于班主任工作,和学生一起成长,这就是李老师所选择的"静谧的激情深处"。时光飞逝中,她"经历着日复一日的早出晚归,经历着与学生们一起摸爬滚打的悲欢喜乐,经历着处理班级事务与传授课业的挣扎、困惑与欣喜,经历着繁重、忙碌、欢乐、痛苦、心酸、喜悦的轮番造访与打磨"。李老师笔下的四个"经历",就是实实在在做好班主任工作教书育人的写照。且不说班级事务的点点滴滴,不说学生心理疏导的风风雨雨,那次因学生家长不舍得换口罩引发的师生对话就足以让我们感受到班主任工作的事无巨细、繁琐多变。疫情下的抗疫主题班会,解封后的次次复学演练,还有大大小小的班级风波,可以说,每个故事背后都是老师一串长长的、深深的、浸着汗水的足印。做实细节,夯实常规,"实"是李老师班主任工作的保证。她从学生实际出发,从教育实情出发,在生活中关心、照顾学生,在学习中给予无私的帮助,让学生真正体验到班级的气氛,使学生形成爱班如家的良好思想,也为自己管理好班级打下基础。班主任工作贵在实,重在坚持,做好点滴,成就精彩。一则则小故事,像一帧帧图画,生动地描绘出李老师教育生活的朝朝暮暮、晴晴雨雨,很清晰地呈现出一线教师的教育常态。这种求实精神,也很真实地融进了李老师语文教学的实践中。遵循语文教育规律,把握语文学习的规律和特点,立足语言学习与运用,注重培养学生的语文实践能力,重视和发挥语文课程对学生价值观的导向作用,实实在在地教,扎扎实实地教,老老实实地把学生引领到读、写、听、说的实践中去,她的语文课正是这样。语文课堂的真和班主任工作的实,构成了李老师教育生命的真实,也给每一个教育工作者真诚地提醒:做教育,教学生,实在最重要。

比如"智慧"。教育智慧是教育的一种品质、状态和境界。《礼记·学

6

记》中说:"道而弗牵,强而弗抑,开而弗达。"教育需要"大智",这样班级工作才会更顺利;教育需要"大慧",这样我们对教育人生才会有更深刻的理解和体验。班主任工作是纷繁复杂的,同时也是充满智慧的。读李老师的教育小故事,钦佩她工作游刃有余、得心应手的同时,我们更会深深感动于她的教育智慧和教育策略。入学之初,通过清扫垃圾这道"测试题",观察哪些学生愿意主动为班级服务,从而为选拔班干部储备合适的人选,这是智慧;一脸严肃地"吓唬"霸道十足的学生,阻止了恶性事件的发生,这是智慧;好男又跟女生斗,老师给每人都打个巴掌给颗枣,叮嘱班干部"注意说话、做事的方式方法和艺术性",这是智慧;学生家长告状老师打学生,李老师不急不躁,全面了解事实的基础上,循循善诱,用高明的沟通艺术说得大家心服口服,这更见智慧。做智慧型的班主任,将班级管理的常规法上升为"艺术"范畴,使得每一细节、每一教育、每一措施、每一制度都能自觉又巧妙地指向育人的终极目标,这就是李老师的智和慧。她或换位思考,将心比心;或洞察先机,先声夺人;或学会欣赏,鼓励为先;或无招管理,春风化雨;或匠心独运,润物无声。矩与规、堵与疏、管与放、冷与热,小故事里的种种精彩,都是李老师对教育、对班主任工作艺术的深刻感悟、理解和思考,充分体现出她的教育情怀和教育智慧。这些,也深深地镌刻在李老师的语文课堂上。优化教学方式,充分发挥主导作用,激发学生的学习兴趣,激活语文课堂,引导学生进行真实的、投入的语文学习,从而学会迁移和转化,达到真实的"发展"。那堂《社戏》语文课,是实实在在的教学,也是灵动艺术的教学。再好的教育也比不上孩子的内力觉醒。教育的本质是唤醒,教育需要做唤醒的功夫,去激发学生内在生命能量和人格理想。班主任,语文老师,不一样的教育故事,却有着共同的教育原理和教育艺术,细节彰显出的都是教育智慧的光辉。李老师,智慧的教育者,智慧的语文人。

还有"快乐"。教育的起点和终点都是人,教育和教学工作中的智慧不止于我们说的"技巧"和"窍门","大智慧""大胸怀""大情怀"才能让我们以更广阔的视野和更深邃的目光去观察、探究教育,去创造出真正的教育智慧。让教育快乐,让学生快乐,让成长快乐,真正成功的教育需要快乐。快乐是一个形容词,它让我们看见绚烂的阳光和美好的微笑。快乐也是一个名词,是我们生命深处积淀而成的实实在在的品质,是生命流淌的血液。于教育而言,快乐更应该是一个动词,是以生命影响生命、以心灵点燃心灵、以品格传递品格、以行动带动行动,是一种美好的成全和影响。我们的李老师,快乐、生动、明媚地绽放在每一个故事里,我们甚至会忽略故事背后的纷繁复杂与辗转反侧。被学生顶撞时的冷静处理、医院看病的委屈和悲凉、疫情下复杂的教育情况等,教育的路,道阻且长,即便如此,李老师还是全力以赴,快乐以对。保持良好的心态,以热爱与激情为燃料,李老师如此做着她最爱的教育小事,去摇动,去推动,去唤醒。快乐的背后是她对人的关注,对生命的期待,对自己的时时警策,更是对教育的永远热爱和真诚守望。李老师的快乐,实则是爱,是心。唯有爱才有芬芳,唯有心才能抵达永恒。仔细想想李老师的语文课,她目光中的温和,她话语中的真挚,引导有方,讲解有效,语文的美和师生学习的美尽在其中。用李老师这本书的五个部分主题来解释,就是用心、耐心、慧心、暖心、同心。苏霍姆林斯基在《把整个心灵献给孩子》一书中省思了自己作为教师的一生:"我生活中最重要的是什么呢?我可以毫不犹疑地回答说:爱孩子。"他把整个心灵献给了孩子,他是快乐的。他说:"要成为孩子的真正教育者,就要把自己的心奉献给他们!"阅读李老师的班主任工作小故事,思忖她那感人至深的语文课,我们更会明白:教育是在为生命的质量服务,教育者须是一个十分关注"心"的人。

当然,这本书让我悟到的还有很多。"安得五彩虹,架天作长桥。"我还是习惯于从语文教学的角度去感悟李老师的这本书,我会看到另一个广阔、高远和清朗的世界。语文老师,班主任,李老师担纲两种不同的角色从彩虹的两端向远方走去,走至中间顶处,两种角色相互融合,共同塑造。那一瞬间的成全、善意散发的力量足以让人疲惫的心得以慰藉。美国作家约翰·

厄普代克写下过这样的慨叹:"在我此生中,我的感官见证了一个这样的世界:分量日益轻薄,滋味愈发寡淡,华而不实,浮而不定,人们习惯用膨胀得离谱的货币来交换伪劣得寒碜的物质……"可是,在这个物质化、利益化的世界里,不是每个人最后都得学会对这个世界妥协。李老师教育世界里的崇高、纯粹与珍贵,值得我们去投奔,去追寻。在这个浩大、纷纭和凛冽的天地间,爱如彩虹,心暖花开,我们如此,毫无退路。

教育是事业,其意义在于奉献;教育是科学,其价值在于求真;教育是艺术,其生命在于创新。再读一遍这本书,我也觉得"我的稻穗不再干瘪,我的行囊不再空荡",也就更感谢李宝虹老师了。

向李老师学习!

肖培东,浙江省特级教师,温州市享受教授级待遇的中学高级教师,浙江省教坛新秀,温州市首届名师模范班主任。全国首届"我即语文"教学奖获得者,第二届中国"好老师"。全国中语会课堂优化策略研究专家指导委员会委员,全国语文学习科学专业委员会浙江省分会理事,"国培计划"教育讲座专家,浙江省首批"名师名校长"导师资源库人选,多家语文核心期刊专栏主持人。出版专著《我就想浅浅地教语文》《教育的美好姿态》《语文:深深浅浅之间》等。

用心篇

耐心篇

慧心篇

暖心篇

同心篇

用心篇

　　我手捧一颗初心，走近你、浇灌你、扶植你，抑或轻抚你的每一根枝条，醉心于倾听你拔节的声音。

入学之初

刚刚接手新七年级的班主任工作。

这是开学的第一天,我即将和学生们见面。按道理说,做班主任,对于我这个年近五十的老师来说,已经是轻车熟路了。但与以往不同的是,我这次接手的是普通班。以往常常听普通班的班主任倒苦水:带普通班是如何费心费力,又是如何出力不讨好。我想看一看,带普通班到底是一个怎样的情形呢?

我暗暗告诫自己:从现在开始,必须更加用心用力地引领这帮娃娃,争取和他们一起打造一个正直善良、积极阳光、自尊自爱的班集体。

深吸了一口气,踏着上课铃声,我走进了教室。目之所及,果真是一张张稚气未脱的面孔啊,一双双好奇而期待的眼睛一眨不眨地盯着我。

我向他们做自我介绍:"我是班主任李老师……"几句简短的开场白之后,我告诉他们:"从今以后,你们就是正儿八经的中学生了。这意味着,你们将拥有一种全新的初中生活,你们将不再懵懂无知,你们的头脑里将会有更多的知识、更成熟的思想,你们的言行举止应该更文明、更文雅。"接下来,我给他们讲了几点要求:按时到校,按照学校和老师的要求去做,多读书,等等。

最后,我说:"我很看重班级的环境建设。从今天开始,我们要在这个教室里度过一年的时光,所以我们一定要把它打理得整洁漂亮。那么现在,我就想找几位男同学把上届班级遗留下来的垃圾清扫出去,谁来?"

我想通过这道"测试题",观察哪些学生愿意主动为班级服务,从而为选拔班干部储备合适的人选,同时也好竖立大公无私、热爱集体的班级风向标。

全班23个男生,只有4人举手。我不动声色地吩咐他们分别去做事情。剩下的那些孩子,都在观望。

在那4个男孩子忙活的当儿,我又在女生里面招募了:"现在需要几个女生帮我分发一些材料,谁来?"

全班22个女生,只有2人举手。两个女孩子按照我的要求行动起来,剩下的那些孩子,依然在观望。

等到这几个孩子忙完之后,我请他们将自己的名字写在黑板上。

接下来,我狡黠一笑:"刚才,我实际上是给大家出了一道测试题,那就是看谁具备做班干部的精神和素质。班干部在一个班集体中起着举足轻重的作用,所以我一贯注重班干部的选拔。优秀的班干部应该具备无私而热心、勇于担当责任、不怕吃亏的素养。今天这6位同学,表现得很出色。现在,在大家互相还不了解的情况下,我要根据他们的表现确定咱们班目前的班委……"

我的话音刚落,不少人发出了惊讶的声音:"啊?!"不少孩子的脸上显现出无限的懊悔。

6人之中的宸马上站了起来,大声说:"老师,我想做班长,为班级服务!"看上去,他满脸正气又敢于负责。我看看他,郑重地点点头:"敢于毛遂自荐,勇气可嘉。好,就确定你来做班长!"

接着，我指定同样是满脸正气的鹏和正做了纪律委员——对于普通班来说，纪律太重要了。我让看上去憨厚而热心的飞做了生活委员，让满脸稚气的女生雅和薇负责学习方面的事务。

为给即将到来的 6 天军训做准备，我吩咐宸和鹏负责军训期间男生的总体事务，雅和薇负责军训期间女生的总体事务，正和飞负责生活方面的事务。我看见，他们的脸上都充溢着自豪喜悦的神色。

此时，再看其他的学生，脸上大多是五味杂陈的神色。我又开始给他们机会了，问："谁去领咱们的卫生工具？谁去领作业本？"这一次，大家争先恐后地举手，人数比刚开始时多了有几倍呢。我心里有点小得意：风向标开始发挥作用了。

但我也发现了不和谐的音符：一位女生不仅不举手，还撇着嘴表示对此有点不屑一顾。我请她站起来，笑问她："你知道我为什么让你站起来吗？"她摇摇头表示不知道。我说："那好，请你站着思考一下，待会儿再回答我。"

过了一会儿，趁着全班同学填写基本情况登记表的时间，我把这个女孩子叫到了外面。

一番询问过后，我大致了解了她的家庭状况：父亲在国外打工，母亲没有工作。此时，再问她知不知道为什么让她站起来，她表示知道了。我告诉她："从你刚才不屑一顾的眼神和撇嘴的行为来看，你的想法有偏差，这在我的班里是要摒弃的。我之所以单独同你谈话，就是要求你从现在开始努力改掉消极、不上进的毛病，积极追求进步。如果能改掉，你一定会是个积极向上的好孩子。"

看她的眼睛里有泪花在闪烁，我想，这应该是个很好的信号。

处理完班里的事务，学校的开学典礼即将开始。我指引学生们站队下楼，去往操场上参加典礼。立秋后的阳光依然很毒、很辣，肆无忌惮地泼洒在孩子们的身上。他们的脸上,不时有汗珠沁出。但安静地听会,是他们此时的整体表现。被我批评过的那个女孩子,表现得也不错。

一次次望向满是稚气的他们,我想,我和这些孩子未来三年的相处才刚刚拉开帷幕,前方还有许许多多的未知在等待着我和他们共同面对、共同跨越。不知道,未来的三年,将会是一个怎样的三年呢?

但我知道,在这三年里,作为班主任的我,起着至关重要的主导作用。前路肯定不会平坦,但未来一定值得期许。

期中考试之后

期中考试过后,学校照例召集全年级教师开质量分析会。

此前,我对考试成绩还未仔细查看,还不甚了解这一次自己的班级成绩在年级里属于什么情况。拿着学校发下来的成绩分析表,我逐项看去,不由得高兴起来——我们班在同类班级里进步不小:各科的优秀率均居同类班级第一名,总平均成绩也是第一。

我首先给教政治的小潘老师发去了微信:"潘老师,你很了不起啊!你教的政治科目成绩那么好。"还附上了三个大拇指的图标。很快,她回复了:"谢谢李老师鼓励,我会继续努力的。"我又给她发:"咱俩一起,继续加油!"附上了三个大拇指的图标。她回复:"好哒!"附了三个强壮臂膀的图标。

这个小潘老师,几乎是和我带的这一届学生同时来学校报到的,是个年轻好学的姑娘。她是我的副班主任,平时上课和对学生的辅导特别尽心,学生成绩也是节节高。和学生一样,当前她最需要的是鼓励。

正在此时,教历史的刘老师给我发来一张照片、一段视频和一段话:"张宸玮正在用诗歌的形式讲历史。不愧是李老师的弟子啊,多么诗情画意。"我点开视频,我的弟子们正跟着张宸玮读他写的历史诗歌呢,整齐、响亮、富有节奏感。嘿，太令我自豪了！我回复刘老师："哈哈，亲爱的，是你带得好啊！感谢你把历史教得这么好！"附上了三个拥抱的图标。

"孩子们遇到您这样的班主任，真是幸运。"她说。

我心里一热，立即回复："嘿，鼓励我呢。"

不久，她回复了长长的一段话："说真心话吧，我特别喜欢上咱班的课。期中考试后，我都是让学生先讲，然后再对他们没讲到的地方进行补充。你不知道孩子们做得有多好！做课件、整合内容完成得特别好，还能旁征博引，吟古颂今，真是棒极了。"

刘老师才30多岁的年纪，身体却一直比较弱。因为身体弱，有一次，她还在学校里晕倒了。尽管如此，她对工作仍这么用心，我心里感动极了，心想，何不在家长群里发一下呢？鼓励一下我的弟子们，也顺带让家长们了解一下老师对学生的一片赤诚。我就把刘老师发给我的视频、我俩对话的截屏都发到了群里。

不一会儿，家长们开始以各种各样的形式给我们点赞了，张宸玮的家长也在群里发信息表示感谢："非常感谢老师们对孩子的悉心培养，给老师们点赞，给孩子们加油！"

一抬头，恰好看见教我班物理的庞老师笑吟吟地向我走来，"亲爱的，咱班的成绩一定会越来越好的。"我仔细看了一下物理成绩，好家伙！比同类班级高出了好多呢，特别突出。这位庞老师，非常热心善良，业务能力很强，有一颗特别爱学生的心，很受学生欢迎。因此，平时我们俩私交很好，教育理念也十分契合。我拉着她的手用力握了握："亲爱的，有你和我在一起，一定会越来越好！"

到了教室门口，又迎面碰见满面春风的英语梅老师，她说："咱们班的孩子还真是争气啊，英语考得可不错呢。"梅老师跟我是同龄人，也是将近 50 岁的人了,却也有一颗未泯的童心,业务能力很强。我笑着迎上去,向她伸出大拇指说:"老将出马,一个顶俩啊!"

　　教数学的张老师是位"老帅哥",年龄比我们都大一点,修养极好。听到我表扬他的数学成绩好时,张老师腼腆一笑:"不错,还是你带班带得好呢。"

　　我这些同一战壕里的战友们啊,太可爱!太可敬!

我们班的"跨年电影会"

眼看 2020 年元旦就要到了,学校安排各班在 12 月 31 日下午自行在本班教室举行班级联欢会。

当我把这个消息传达给学生们时,他们并没有想象中的欢欣雀跃。有人弱弱地提出来:"老师,咱们七、八年级都举办过两次联欢会了,大家也唱了也跳了,现在,我们都是毕业班的学生了,还唱啊跳啊的,总感觉没啥意思……"

"是啊,是啊。何况,时间太仓促,也来不及准备啊。"不少同学纷纷附和。其实,我何尝不是这样的感觉。

那么,该怎么办?

学生们齐刷刷盯向我。

"好,我们就不举办又唱又跳的联欢会了。但是为了活跃我们的学习生活,表达我们迎接新年的欢欣喜悦,要不,大家都好好想想,出出主意,我们用怎样的形式来跨年最好?"

一片沉默。

两分钟后,有人提出:"要不,咱们就在班里看场电影?"

"好啊,好啊!"不少同学立即表示赞同。

太好了，正合吾意！我其实早就想和他们一起看《哪吒之魔童降世》呢，只是一直找不到合适的时间，今天恰恰是个好机会。

"好，众望所归。大多数同学想看电影，那么咱就在班里办个'跨年电影会'！那么，看什么电影呢？大家选一个合适的。"我先测测"民意"。

看到没有一个统一的意见，七嘴八舌中，我开口了："我提议一下，看《哪吒之魔童降世》怎么样？"

"好啊，好啊！"这次是异口同声了。

我吩咐班长珈："放学后你带两个同学去用班费买点水果、零食，挑大家喜欢吃的东西，到时候分发一下。"

"好，好的，老师！"她满脸的喜悦和兴奋。

31 日下午，我一走进教室，就看见已经有一些同学在忙碌了：有人在打扫卫生、整理桌凳；电教管理员文已经打开了投影仪和大屏幕；无私而又热心的屹张罗着用自己的 VIP 账号登录网站；珈带着同学跑前跑后地给大家分发水果和小食品……

开始放映电影了，班里霎时安静下来。一口四川方言的太乙真人可恼又可爱的滑稽相引得他们哈哈大笑；那个黑眼圈、大眼睛、双手总插衣兜里装酷的主角哪吒，既顽皮可恨吊儿郎当，又天真可爱聪明机智，一会儿引得他们叹息，一会儿使得他们屏息凝神；那个诡计多端的奸人申公豹，结结巴巴的丑相则让他们笑声不断。

我就坐在他们中间，不时地，会有同学大笑着或者叹息着扭头瞅我一眼——他们也许是看我有没有和他们一样沉浸在电影的情节中吧。当然会！看到哪吒渴望友情和认可，却又总是被排斥的叛逆、挣扎、故作不在乎状，看到哪吒父母的忧心、耐心和为挽救儿子所做的种种努力，我的眼睛湿润了。

两个小时很快过去，电影结束了。

我想,还有时间,得趁热打铁,和他们聊聊这部电影和看电影的感受。

我走到讲台上:"刚才看的时候没工夫说什么,但能看出来大家看得很投入。现在看完了,咱们来聊一聊对这个电影的看法吧。别顾忌什么,随便聊。"

"只觉得哪吒挺可怜的……"宇抢着说道。

"哦?能具体说说吗,他怎么可怜了?"我赶紧追问。

"他在内心深处其实挺渴望友情,挺渴望被认可的,可就是不被周围的人所接受。那些人总是认为坏事就是他干的,还不让自己的孩子跟他玩。"宇接着说。没想到,他居然会有这么深刻的理解。

鑫站起来了:"其实哪吒也想做个好孩子。一开始他只是力气大、破坏力强,并不想伤害无辜。可是,因为魔丸转世的身份,他遭到了陈塘关百姓的歧视和排斥。他很寂寞,想和小女孩踢毽子玩儿时,那小女孩的家长却不让。只有被那些想算计他的人喊'妖怪'的时候,他心中的恶念才爆发出来。尤其是最后,当申公豹告诉他身世真相以后,哪吒的魔性才彻底爆发了。"

"嗯,是恶念激发了恶行。反之,善良肯定也会引发善行。说得真好!谁还有其他想说的?"

"我感觉哪吒的父母很好,对他很有耐心。不管哪吒闯下多大的祸,他们都不放弃他。他们很爱哪吒。"文说。

"嗯,嗯,对。"不少同学深有同感。

"是啊,可怜天下父母心。哪吒的父母为了哪吒,付出了很多,也受了很多的煎熬,但他们依然深爱着哪吒。其实,有哪个父母不爱自己的孩子呢,只是方式不同而已。"

"还有,还有,老师,"宸迫不及待地站了起来,"我认为一个人的老师,也就是人生导师,很重要!你看,哪吒跟着善良的太乙真人学习,就受到了很好的引导,尽管是魔丸转世,他依然能够和敖丙赶走海夜叉、救下小女孩,一起守护陈塘关。而敖丙是灵珠转世,如果不是他的老师申公豹太坏了,他肯定会做得更好。”

真是出乎意料,学生们居然能领悟到这么多。

“哦,你这么说,也是在提醒我啊,一定要做好你们的人生导师……”我呵呵笑了。

“老师,你本来就是我们的好老师啊!”宇喊道。

“是啊,我们很幸运呢,能跟着您做学生。”

“嘿!怎么说着说着就绕到我这里来了呢?看来,这两年多是没有白跟着我混,情商都提高了啊!”我眉开眼笑。

“哈哈哈……”学生们和我一起开心而得意地大笑起来。

是的,老师对于学生的成长而言太重要了。这场班级“跨年电影会”更让我明白了:不要给任何一个孩子贴上不好的标签;教育,要对孩子有足够的耐心;再“魔性”的孩子,其内心深处都有一块柔软的地方。歧视、排斥和嘲笑,是教育的大忌和大敌。

作为老师,能和学生们一起成长,真好!

手机，手机

手机，像一块有着无穷魔力的磁石，牢牢地吸住了无数的孩子，成功地将他们拖入那个光怪陆离的魔性世界，使他们沉迷其间，难以自拔。

（一）

光这个孩子，学习功底薄弱，为人老实质朴，平时沉默寡言——这一切，使得他在班里很不起眼。

我却十分关注他：因为他有着他们这个年龄难得的良好品质和修养，因为和他同样质朴的爷爷奶奶专门从乡下来郑州陪他上学，因为他那同样质朴的爸爸妈妈还在农村老家打拼以供他上学。

由于底子实在薄弱，光在学习上显得非常吃力：英语一塌糊涂，语文课上许多常见的字词他都不会读、不会写、不理解……

但难能可贵的是，光始终没有气馁过。我也总是热情而小心地鼓励着他，生怕他哪一天因为自己的成绩太差而沮丧、放弃。可喜的是，光始终没有沮丧过，更没有放弃过。他的成绩，便也如蜗牛爬行般缓慢地进步着。

偶尔看向我时，光的眼神总是羞涩腼腆的，而我看向他的目光总是欣赏的、热切的。是啊，他总是安静地坐在那里，勤恳地埋头苦学，似乎周边的一切都同他没有任何关系——小小年纪，真有种令人赞叹的定力。

对于光的未来，我充满了希望：说不定，他能创造一个逆袭的奇迹呢！我暗下决心：要多帮助他、鼓励他，争取和他一起创造一个奇迹。

可是，到了九年级的时候，光的成绩不再进步了，反而还一次次倒退。这是怎么回事？我仔细观察他的种种表现：上课时没什么反常，一直是很专注的神情；他的作业，依旧工工整整，写得很认真；同他谈话，他依旧是有问必答，极腼腆极听话的样子，也没有什么异常。

问题到底出在哪里？我疑虑重重，却又摸不着头脑，只能干着急。

一天，我在学校门口见到了来接光放学的奶奶。太好了，我赶紧跟老人家聊起来："光这个孩子，在班里很守纪律，学习很自觉，是个特别好的孩子……只是最近这段时间，不知道怎么回事，他的成绩一直在退步……"

"哎呀，老师，别提了！这段时间，他迷上了玩手机，一回家就拿起手机看，饭都顾不得吃！晚上老是很晚才睡，一直看手机。我和他爷爷都不知道该怎么管他了！"

原来如此。

第二天早读，我把光叫到教室外面，告诉他我听说他沉迷于玩手机后的吃惊程度。"我一直查找你近段时间成绩退步的原因，没想到，居然是因为玩手机！本来，在老师心目中，你是那么自律那么懂事……这太让我震惊了！"

光羞惭地低下头，一言不发。最后，他表示："老师，我知道了，以后我不贪玩手机了。"态度很诚恳。

这之后，光的成绩又开始有了缓慢的螺旋式的上升。

（二）

雅是个很乖的女孩子。她平时话语不多，十分腼腆，上课总是安安静静,作业总是工工整整,成绩一直处于中上水平且十分稳定。

可是,九年级的下学期,她的成绩却开始大幅下滑。雅的妈妈对她的学习一直很关注,看到雅出现这样的状况,焦灼万分。她给我打电话、发微信,又亲自到学校来找我,谈话的主题只有一个:为什么雅的成绩下滑得这么厉害?

是啊,为什么?

我们做了种种推测,最后又感觉不论哪种推测都不能成立。因为看她平时的表现,没有什么异样啊。

我俩把雅叫出来,推心置腹地同她谈在这个关键时刻成绩下滑的严重后果,鼓励她说,按照她的实力,此时应该再进步才对,退步是不正常的。我还向她打包票:"如果有什么影响你学习的外界因素,就告诉老师,老师一定帮你妥善解决。"

然而,雅的回答是一连串的摇头:"没有,真没有。"

一天下午,我没有像往常一样步行去学校,而是在家门口坐上了一辆开往学校附近的公交车。

一上车,我就看见雅坐在座位上,低着头,左手拿着手机,右手不住地划拉着手机屏——她十分入迷,根本就没有发现我的到来。我想提醒一下她,就走到她旁边,在靠近她的一个座位上坐下来。

可是,正沉迷其中的雅根本不知道外界发生了什么。我索性一言不发地坐着,不去提醒她。心想:"到站之后,再狠狠地吓你一跳吧。"

不承想,到站之后,雅低着头就下了车,下了车依旧低着头往学校的方向走去,目光依旧紧紧地盯在亮着的手机屏幕上,根本没有察觉到我就在她身边!

"雅,你看手机看得可真入迷啊!"我快步跟上雅,与她并行。

"啊?老师……"雅慌忙把两手藏在背后,窘迫得脸颊通红,牙齿紧紧地咬着嘴唇,不敢看我。

"你这个傻小妞啊,关键时刻竟然犯起糊涂来了!我就说,你成绩那么稳定,不可能无缘无故地下滑得那么厉害,可是我和你妈妈又一直苦于找不到原因。现在,我终于找到了!你呢?"

雅的妈妈得知了事情的真相,又惊又气,一把抓过雅的手机,狠命地摔在地上……

中招考试时,雅的成绩已经远不如以前那样好了,勉强过一所三流高中的分数线。

(三)

辉在我班里是成绩最拔尖的学生,每次考试都稳居班级第一名,是各科老师瞩目的"明星"。

辉是典型的成绩优秀学生:白白净净,戴一副眼镜,个头不高的他,上课听讲总是很专注。遇到老师提问,他的回答常常准确无误,与老师们的互动非常好——这个孩子在学习方面的天分和悟性都极高,是棵好苗子。

课下,辉极少跟同学打闹,总是一副安静沉稳、十分斯文的模样。他的作业,总是按照老师的要求认真工整地完成,也总是被老师们当作典范来表扬。

在我这个普通班里,辉更是被同学们看作学霸级人物,他们仰视着、敬重着辉。

我和几位任课老师不止一次谈起对辉的憧憬和期望:这孩子,真是棵好苗子,好好培养,他的成绩再进步些,说不定将来能考上郑州最好的高中呢。

可是,事不遂人愿,总是有让人揪心的事情发生。到了八年级,辉的成绩不仅没有进步,反而还有些倒退。针对他前两次考试成绩的退步,我综合分析了各方面的原因,认为毕竟他是普通班的学生,成绩出现点反复是正常现象。

我就找辉谈话。和他一起分析了原因之后，鼓励他："只要没有来自外界的干扰因素影响到你，只要你埋头用心学习，一定可以再进步的。如果有外界的干扰因素，就马上告诉老师，老师帮你解决。"辉看着我摇摇头："没有。"

又一次考试过后，辉的成绩属于原地踏步型，没有进步。我心里有点犯嘀咕：不对呀，不该这样的。不行，我得找辉的家长了解一下他在家里的表现。

可是，辉拒绝了我："我平时都跟爷爷在一起生活，爷爷年龄大了。我爸妈都在外地工作，一个月才在周末回来一次，来不了学校的。"

我感觉，这样滴水不漏的拒绝背后，是有问题的。

我不再同辉说什么了，就想办法联系他的妈妈。他妈妈果然在外地，但一听说孩子的情况，就十分着急，答应我会尽快返回郑州和我聊一下。

见到辉的妈妈，我告诉她辉的天赋和优势，以及各科老师对他的评价和期望，又告诉她近段时间以来辉的成绩出现的反常情况。

"在班里，老师器重他，同学仰望他，他自己也说没有外界的干扰因素影响他。那么，依照他的实力，他应该不断进步或者最起码保持成绩的稳定才对。可是，现在却出现了这样的状况，我认为是不正常的。你想想看，孩子在家里是不是出现了什么情况？"

"不应该啊。他爷爷说他每天放了学就回家，回家后就一个人安安静静地待在房间里……"辉的妈妈一脸迷茫。

"孩子安安静静地待房间里，不见得是好事。要知道，小孩子都有不自觉的一面，如果家长对他没有一点监管，我怕他会沉迷到贪玩手机之类的与学习无关的事情中去。"我告诫她。

"是啊。可是他爷爷年龄大了，我们又经常不在家……唉，我回家再好好说说他吧。"

时间很快到了八年级结束后的暑假。一天,辉的妈妈给我打来了电话:"李老师,辉放假后跟着我来我工作的地方了。他整天就知道玩手机,连屋门都不出,饭也不怎么吃。我说他,他不听,还跟我吵。你说这可怎么办?"

我心里"咯噔"一下:看来,辉的学习成绩要么倒退要么原地打转,原因就是在手机上了。

我给辉打去了电话:"辉,我真是没想到,你的成绩之所以退步,原因都在手机上。你太不珍惜自己了!有那么好的学习基础,如果把心思放在学习上,将来你能考上郑州市最好的高中。老师们那么器重你,同学们那么高看你,你却沉迷在手机里不知道自律……听我的话,放下手机,陪你爸妈说说话,多了解一下他们的工作情况和辛苦程度。假期过后你就是九年级毕业班的学生了,趁这段时间认真写写假期作业,读读书,锻炼锻炼身体……过一段时间,我还要向你妈妈核实,看你是否按照我说的去做了……"

上了九年级之后,我又同辉谈了几次话。每次谈话,他都向我保证得很好。这之后,他的成绩不再退步了,可是也不曾有大的进步。每次看到他的考试成绩,我总是有种揪心又无奈的感觉。

离毕业还有两三个月的时候,辉的妈妈又给我打来了电话:辉在家玩手机,他的爷爷根本管不了他!

我把辉叫到教室外面:"辉,咱俩商量个事,明天把你的手机带到学校来,我给你保管好不好?等你们中招考试完就还给你。"

第二天,辉把手机交给了我。

可是,此时的辉,学习状态已经远不如当初了:经常是一边写作业,一边抬眼往旁边瞟一瞟,听课时与老师们的互动也大大减少了——明显不如以前用心。

中招成绩公布了,辉降成了班里的第二名。学习基础和天分都不如辉,但专注程度、自律能力比辉强,且不玩手机的宸超越了他,成为第一名。

自然,辉也就与郑州市最好的高中无缘了。

(四)

初中刚一入学,皓便暴露出他身上的种种毛病:不愿上学,军训迟到,在家里稍不如意就同家长闹得鸡飞狗跳……

可是,这些都不算什么,皓最致命的毛病是贪玩手机。

家长告诉我:皓每天晚上玩手机都会到 12 点以后。玩过手机,还要去洗澡,结果就导致第二天早上怎么叫都不会按时起床,叫急了还会同家长大吵大闹,怄气,不上学。于是,每天早上比别的同学晚到半个小时就成了他的常态……

"老师,怎么叫都不肯起床,怎么办? 这孩子该怎么办?"皓的妈妈给我发来微信还带着个大哭的表情,表达她的焦灼和无奈。

我就找皓谈话。面对我的时候,皓的态度相当之好,一再向我保证,以后晚上不玩手机了,早上要按时起床、上学。

果然,第二天早上,皓破天荒地没有迟到,我高兴地向他伸出大拇指。

可是,第三天早上,皓又恢复成了老样子。

于是,我再次找他谈,他再次诚恳保证。可是,偶尔不迟到之后,他还是会恢复成老样子。

皓的妈妈向我诉苦:"我该怎么办? 好好说他又不听,动不动就跟我大吵大闹,我真是无语了!"

我告诉她:"可是,他跟我说话时总是笑眯眯的,说起话来总是头头是道,什么道理都懂。"

　　的确，戴着一副眼镜的皓，白净漂亮、斯文安静，说起话来轻声细语、通情达理，怎么看都不像个混世魔王。事实上，他也的确是个很有礼貌、心地善良的孩子。对老师，一贯很尊重；在班里，从来没有跟同学发生过矛盾。

　　而更可叹的是，皓其实有着极好的天赋：他口才极好，一同我聊起来就没完没了，十分健谈；他的音质也很好，如果好好把握，甚至可以往播音员的方向发展；他特别喜欢物理，对霍金关于黑洞的理论尤其感兴趣；有时候他还喜欢读一些历史书、哲学书，并且时不时地拿着这些书来同我讨论……

　　可是，一旦网瘾上来，这些都会被他抛到九霄云外。

　　又一次同皓谈完话，听完他的保证之后，我给他的妈妈发去了微信："皓刚刚向我保证说，今天晚上 10 点前睡觉，明天早上 6:25 起床。你明天早上及时告诉我他落实的情况。这是我让皓看着给你发的。"

　　可是，第二天，早读都过了 20 多分钟，依然不见皓的影子。他妈妈的微信来了："他起床了，可就是不去上学，说是物理书找不到，在发脾气，还和他爸吵起来了。"

　　这之后，我不再跟皓谈话了，只同他约定：倘若再迟到，就在教室后面罚站，迟到几分钟就站几分钟。

　　而皓呢，要么早上一到教室，放下书包就自觉地站在教室后面，要么就是让家长给他以各种理由请假：感冒、头疼、肚子疼、胃疼、闹钟没响……

　　这天，皓的妈妈又给我发来微信："老师，早上什么招都使出来了，皓就是不起床。快气死我了，我都快被气成神经病了。叛逆期就这么可怕吗？网瘾一上来六亲不认！我都替他难受：整天这样跟家长别扭、闹腾，他心里舒服吗？好话说尽，他就是不去上学，睡到上午 10 点多才起床，在房间里转了一圈又一圈,估计是饿了。马上就要放暑假了,一想到暑假要整天跟他在一起,我就害怕。老师,我该怎么办?"

我又变换了方法,同皓约定:以后再迟到,就罚他放学后扫地。因为我知道,皓一放学就急着往家里奔。用这个办法也许可以改改他的毛病。

结果,还是以无效告终。

八年级时,学校组织学生们到一个基地里面进行拓展训练。在教官的严格管控之下,所有学生的手机都按要求上交了。大家都没什么反应,独有皓,先是闹情绪,不肯参加训练,紧接着就吵闹着要回家。无奈之下,教官把他交给了我。

我把皓单独叫到一边,想要跟他聊聊。哪里想到,两句话还没说完,他就往地上一坐,嚎啕大哭:"我就是要回家,就是要回家!凭什么不给我手机,凭什么……"

满脸通红,一把鼻涕一把泪,不管不顾地大声哭嚎——这还是那个在我面前一贯羞涩腼腆的皓吗?我一时又愣又气,呆在那里,简直不知道该怎么办了。

教官、政教主任和其他几位班主任纷纷叹气:"李老师,这孩子彻底被手机控制了。你看他的样子,简直像犯了毒瘾一样,已经是病入膏肓了……"

我看着皓,深深吸了口冷气:是的,他实在是不能离开手机了。

就这样,因为手机,初中三年,皓成了早读的"迟到专业户",他的中招成绩当然也极差。

再放眼望望,不知道还有多少个孩子都在迷恋着手机……

手机啊手机,毁掉了多少孩子如花的人生,吞噬了多少孩子美好的未来!

我在家里做直播

"叮叮叮,当当当……"

突然一阵音乐声响,惊醒了沉浸在睡梦中的我。原来到早上6:50了。

怕惊动爱人,我赶紧伸手摸过枕边的手机,睁开惺忪的睡眼把铃声关掉。稍稍定定神,我开始悄悄披衣起床,然后蹑手蹑脚走出卧室——洗漱之后,我要带学生上早读和早读之后的语文课了。

7:15,打开电脑,再点开钉钉上的"视频会议",我开始发起会议。疫情当前,不能去学校上课,直播便成了我和学生们上课的常态。

很快,屏幕上方弹出了一个个熟悉的名字:学生们纷纷进入"会议室"。

"很好,对提前进入会议室的同学提出表扬!一分耕耘,一分收获,优异的成绩和成功的人生一定会属于咱们这些勤奋自律的同学。现在开始早读,请大家拿出语文课本……"

于是,朗朗的读书声就在我家的客厅里回荡起来。

腾出时间来了,我打开"未进入会议"的人员名单,开始挨个呼叫那些睡懒觉、不来上早读的家伙。

不久,就会不时悄悄弹出来一个名字,然后又很快消失,就像以往那些迟到的同学从教室后门悄没声地溜进来一样。

哈哈，这岂能逃过我这猎人般的眼睛！

"张一硕，今天来得有点晚啊！"我用平和而稍带严肃的声音提示道。

看看人差不多都到齐了，那么，就来挨个巡视一下学生们的早读吧！

"不错，怡、鑫、婧、祺、宸……这些同学声音响亮，听起来读得很用心。"

"佳，还有豪，把你的摄像头打开，让我看到你的脸……呃，这就对了。既然早起了，就要有点收获，可不能浪费这大好的时光。来，大声读起来！"

"嗯？是谁家的猫咪一直在叫？把它赶到别的地方去……这又是谁家的小弟弟还是妹妹在大声说话？请让他（她）保持安静。"

……

听听没有了其他杂音，只剩下纯粹的读书声了，我比较满意地关上自己的摄像头。站起身，端起杯子喝两口水，活动几下胳膊和腿脚。

不过，可不能离开太久。才关上摄像头没几分钟，读书声音就愈来愈低了。这帮孩子，跟平时上早读一样，一会儿看不到你的身影，他就该跑神了。

我赶紧正襟危坐在电脑前面，点开摄像头，带上笑容："大声读起来。是不是以为我离开了？怎么会呢！我现在要点名啦。"

是真的点名。我戴上老花镜，对照着电脑上显示的名字，在手中的花名册上一个个寻找，一个个做标注。我得看看，还有谁在我眼皮底下偷懒。今天的直播结束后，我还要拿他是问呢。

不知不觉，早读该结束了。

我招呼大家："好了，同学们，咱们的早读就到这里吧，大家做得都不错。休息十分钟之后，咱们接着上语文课。"

"好的,老师再见。"

"再见,老师。"

十分钟后,接着上语文课:学生们做题、提交,我批改、讲评……忙忙活活,将近9点钟的时候,语文课也结束了。

我舒了口气,合上书,正在关闭电脑收拾鼠标,我爱人出现了。

这才想起来,早上起床后,我忘了给他关上卧室门。"呀! 今天忘了关卧室的门。"

"嘿,不关上刚好。我听着你给学生上课,不知怎么的,心里突然很感动。"他笑眯眯地说。

"哼,假大空的抒情。"我笑着撇撇嘴,故意逗他。其实,最初听到学生们的读书声飘出电脑时,我的心里何尝不是怦然一动呢?

"真的! 听着那些小孩子的声音,感觉特别可爱。当然了,听着你的声音更觉得动人。听着听着,我感觉自己也成了课堂上的学生,特别享受。你的声音清脆婉转,和蔼可亲,真是天籁之音呐。嘿嘿,比你平时和我说话温柔亲切多了……"

"哈哈哈……"我忍不住的爆笑打断了他的抒情。

看他还站在那里傻笑,我缓缓地从沙发上站起来,款款走到他眼前,歪着头,问他:"说说看,我这身直播混搭装的效果怎么样?"

此时的我,鼻梁上架着一副蓝框眼镜,脖子上系了条格子丝巾——雅致美观,上身穿一件白色无领职业装——大方得体。下身呢? 着一条肥胖的碎花棉睡裤,赤脚穿一双毛绒拖鞋。

这一次,轮到他爆笑了。

我强绷住笑,目光从老花镜的上方投向他:"笑啥嘞? 我估摸着呀,我这样的装束,是那些在家里给学生上直播课的老师们的标配呢!"

加油，九一班

开学一周，班里各方面的情况都比七、八年级时好多了，我真是越看越喜欢。

于是就起了个念头：借助学生家长的力量，给学生们的学习再加把劲。考虑好了一个具体的方案后，我和学生商量："我有个想法，咱们邀请家长来班里和我们一起开个班会，好不好？"

大多数人赞同，少数人反对："老师，别让俺家长来了呗。"说着，囧着脸，给我装出一副苦相来。

"好了，好了，如果你不愿意，你的家长可以不来。我不要求家长都来，我们坚持民主、自愿的原则。"我笑着说道。的确，一些学生家长出于各种原因，他们常常是不愿意参加家长会的。

和学生们商定后，我就在微信群里告知家长我们开班会的计划、目的和内容安排等，得到了不少家长的赞同、拥护。

"老师，这个计划很好，开吧，我去参加。"

"老师，要开就尽早开，开得越早，孩子们受益越早。"

"老师，需要我们做什么吗？"

我感谢了家长们的支持，又提出一个要求：请大家根据我们的班会主题,尽量给这些毕业班的孩子们准备点自己最想对他们说的话。讲话内容不受限制也不怕重复,重复了更说明你所讲内容的重要性。

一番策划之后,我们的班会如期召开了,主题是"加油,九一班"。班会上,总共来了二十多位家长。

首先是波和婧这两个自告奋勇的主持人上台致词:"尊敬的李老师和各位家长,亲爱的同学们,已经成为九年级毕业生的我们,该如何应对这个最为重要也最为艰难的阶段呢?别焦虑,别害怕,因为,我们的背后有李老师和各位家长做坚强的后盾……"

说得真好。两人刚说完,就赢取了一片热烈的掌声。

接下来,主持人请几位学生代表上台分享他们学习中的感悟和以后的目标。

鑫上台了。没拿稿子,直接开讲:"我在七、八年级的时候,也没太用心学习。就是听了李老师的话,在这个暑假里,和家人和睦相处,又读了一些书,发觉读书学习是很有意思的一件事,就特别想把学习搞好。开学前跟李老师说了我想单独坐在讲台旁边的想法,李老师答应了。现在,坐在这里,我的心很静,听课就特别专注。我还发现,其实各门功课都很有意思。语文课不仅能让我们接触很多好文章,还教给我们很多人生的道理;物理、化学课让我感受到了科学世界的神秘和有趣,老师们教得也很好……"

我听得都入迷了:这还是以前那个懵懂的、爱和妈妈闹别扭的小姑娘吗?

宇上台了,也是不拿稿子,直接抒发心声:"我以前是踢足球的,不肯好好学习。但是我们的李老师从来没有放弃我,总是跟我说'只要你愿意学习,什么时候开始都不晚'。暑假里,我爸爸管住我不让我和同学出去玩,上午上辅导班,下午跟着我爸爸去写作业,让我感觉自己的学习有了提升。特别是数学，我越来越觉得有意思……我下一步的目标是，期中考试时，要让自己在年级的排名至少前进 50 名，然后每次考试都有进步，争取明年考上一个理想的高中！"

玮也上台分享了自己暑假打工的经历和感受，真诚地告诉大家："经过这次打工，我深深体会到，还是上学学知识好啊。我的那些工友们都很羡慕我还有上学的机会，嘱咐我要好好学习……"

珈、林、波……也都一个接一个地上台讲述，都是脱稿，都是发自内心的讲述。于是，我们的教室里就一次又一次响起了热烈的掌声。

接下来，主持人宣布："面对我们这些正需要教育和引导的孩子，家长们有什么话要说呢？下面进行第二个环节，邀请我们亲爱的家长给我们讲他们的心里话。"

屹的爸爸第一个主动登台了。他是一位律师，口才、逻辑思维自然了得。一上台，他就激情澎湃，滔滔不绝："我曾经是一个农家子弟，家里条件很差。但如今我之所以能成为一个律师并且来到都市里安营扎寨，闯出自己的一片天地，凭的是什么？凭的是学习！是学习让我有了丰富的学识、良好的思维能力、善辩的口才，从而具备了做律师的资格……我对学习的感悟是要多读书；学习时要用心，全神贯注地投入进去；还要常常复习，做到温故而知新……"

诚的爸爸第二个登台，显然，他是经过深思熟虑的。他的讲述一上来就深深地吸引了大家："我曾经是一个跳伞兵。你知道跳伞兵最初跳伞时是怎样跳下去的吗？有自己跳下去的，也有因为胆小不敢跳而被一脚踹下去的……"引得孩子们哈哈大笑。一番生动的讲述之后，他动情地说："我就想通过这样的亲身经历，告诉大家一个道理：当机会来到你身边时，一定要抓住它！就像玮同学说的，你们现在还有上学读书的机会，一定要抓住它，好好学习。"他越讲越动情："你可能觉得当伞兵挺酷的，可是你知道我们平时训练有多苦吗……我们现在到了四五十岁的年纪，战友们会不时聚会。聚会时我们常常爱说的话题就是谁总共跳过多少次伞，谁跳的次数多，谁就光荣。为什么？因为他最能付出，最能吃苦，最后就最出色！我讲自己的亲身经历，就是想告诉同学们，你想在学习上取得好成绩，就需要静下心来，多付出，埋头苦学！"

真是棒极了。

文的妈妈第三个上台，她讲得情真意切："我上学时，学习成绩是很好的。我最大的感受就是，学习时一定要踏踏实实地真学习，不能用假学习来骗人。否则，最终害的是自己！"

说得多好啊。想想有些学生上课睡觉，或者偷偷玩手机、抄别人作业，在老师和家长面前一套背后一套的现象，不全都是骗人的假学习吗？

我看到，不少学生都陷入了沉思。这三位上台讲话的家长的孩子，听得尤其认真，脸上还有掩饰不住的自豪。

主持人趁热打铁："同学们，家长们给咱们讲了这么多，想必大家的内心肯定都被触动了。下面，请大家拿出纸和笔，认真写下适合自己的、切实可行的近期目标和中招考试目标。"

班里有了一阵"嗡嗡"的声音，那是他们在低声讨论呢。之后，在主持人的引导下，学生们一个接一个上台宣读了自己的学习目标。每逢自己的孩子上台时，那些在座的家长就听得格外专注、用心。

宣读完毕，主持人把全班同学的"目标书"收集在一起交给了我。我说，要给他们"存档"，等下次考试过后拿出来逐一对照每个人的目标达成情况。我看到不少学生互相对视着，或吐吐舌头，或挥挥拳头。

最后，由我做总结。我说："今天，我很震撼，也很受教育。同学们讲得真好，各位家长代表讲得真好！同学们，目标是要用实际行动去实现的，从现在开始，我将和所有的家长全力支持大家实现自己的目标。如果大家能够记住今天班会上所有讲话的精髓,牢牢把握初中最后一年这个机会,埋头苦干一年,用心学习、真学习,那么,一年之后我们一定可以实现自己的目标,甚至创造奇迹! 来,我们一起喊出我们的口号:加油,九一班!"

"加油,九一班!"孩子们群情激昂,跟着我齐声宣誓。

我看到,一些家长也跟着喊,他们的眼睛里有了亮晶晶的东西。

班会结束后,家长们纷纷向我致谢、道辛苦,说这个班会形式太好了。笑着回答他们的同时,我暗想,这个形式的效果到底好不好,就用学生们此后的行动来验证吧!

点点滴滴，皆是教育

（一）

早读,站在教室外的走廊上和森谈话,鼓励他好好学习。尽管这孩子目前的成绩还不是很好,但我看出了他的潜力:反应快、有悟性。正巧,帆、硕和伟三人正准备去打扫室外卫生,看见这情形,脸上带着坏坏的笑,装作老师的样子,指着森,拿腔捏调地说:"好好听老师的话啊!""有错误就给老师承认啊!""不能惹老师生气啊!"

我笑嗔他们道:"一边去。"三人一笑而散。

我担心森的心里会有误会,便说:"别在意,他们在跟你开玩笑呢。"

"我知道。他们也都是挺善良的人,有很正直的一面。"

想不到他会有这样的见地。我不禁夸赞道:"好样的,森,你真的很有思想呢。"

森回教室了,那三个人也打扫完卫生回来了。我叫住他们:"过来,你们知道刚才森是怎么评价你们的吗?"

"咋评价的?"三个人异口同声,齐刷刷地伸过头,睁大眼睛盯着我。

"人家说,你们心地很善良,为人也很正直。尽管成绩没那么好,但是将来到社会上肯定能发展得很好。"

"那是,将来我们一定会发展得很好的!"伟紧握拳头上下晃动着表决心。

"嗯,别看我们现在成绩不好。"帆自信满满地补充。硕也咧着嘴,笑得十分开心。

(二)

课间,信步走至教室外面。班里几个女生正围在一起说笑,看见我,顿时闭口缄默,一哄而散。上周五班会课上,她们因为分帮派、闹矛盾,刚刚被我批评过。也许,她们误认为被我看见聚在一起,又该给我留下不好的印象了。不行,决不能让学生把我当成可恶的"王母娘娘"对我关闭心扉呢。我得对她们来一个正确的引导。

一上课,我站在讲台上,先清清嗓子,然后慢悠悠说道:"刚才我看见了一个很奇怪的现象,"停下来环顾一下四周,见目光都被吸引过来了,接着说,"几个女生正在那里说话,一看见我,马上玩起了'快闪',一眨眼,人都不见了。我,有那么恐怖吗?"

全班哄堂大笑,那几个女生也相视而笑。

等他们笑完了,我接着说:"你们可不能领会错了我的用意啊。我反对的是那种拉帮结派、惹是生非的不正当友情。相反,对于在一起谈心、聊学习、互帮互助的积极健康的友情,我大力提倡,因为人都是需要朋友和友谊的嘛。"

学生们笑看着我,纷纷表示领悟了:"哦,哦。"

又是课间,女生们三五一堆在一起说说笑笑,看见我,不避也不躲了,更不玩"快闪"了。呵呵,这些孩子啊。

(三)

上课铃已经响过,数学老师也站在讲台上开始讲课了,帆、伟和硕三个人才刚刚从厕所慢悠悠走出来,准备去教室。看见我,他们立即缩头缩脑起来。

我把他们"押送"到教室,严厉宣布:"上课了,他们三人才不紧不慢从厕所出来,太放纵自己了。每人写一份反思,扣量化分2分!(这是很严厉的处罚了)"

我看见,三人的脑袋都耷拉下来了。

这三个学生都是不愿意学习而自尊心又极强的孩子,平时跟我相处得很不错,总想为班级出力,甚至,他们干脆包揽了打扫室外卫生的任务。此外,班里一旦发生什么事情,他们总是为我出谋划策,帮我一把。可是,在原则问题上,我是不能对他们徇私情的,要实行"关心加管教"的政策。

第二天,我向他们"讨债":"我让你们写的反思呢?"

伟最乖觉,嘻嘻笑着递过来他的反思:"老师,放心吧,我们已经认识到自己的错误了。"其余二人也分别递来了各自的反思。

我给他们讲:"知道昨天我为啥处罚你们吗?你们做得太过分了,怎么能那样无视学校和班级的纪律呢?这岂不是明摆着邀请老师批评你们,让同学把你们当差生看待吗?"

三人挠挠头,又低下了脑袋。

"知道吗?因为表现出色,你们已经开始在我的笔下出现了,将来我的文章里可能会多次写到你们……"

"真的?让我们看看好吗,老师?"三人齐声说。

"那我得把老师写我的文章贴在俺家墙上!"伟兴奋得不行。

帆抿着嘴暗乐,硕则咧着嘴嘿嘿直笑。

"现在这文章还不能给你们看,因为我还没把你们写完,我得一直写到你们毕业才算完呢。不过,这文章会把你写成好孩子还是一个捣蛋鬼,完全取决于你们的表现,由你们自己的言行举止来决定。"

"好嘞,老师!那我们可得好好表现了。"

"嗯,这才叫明白人儿呢。"这一次,轮到我得意了。

(四)

近来,班上的迪、林、森、珈、宸、灏、鹏等开始比着学习了,这让我很是欣喜。为了鼓舞他们的劲头,引导他们"比、赶、帮"以互相促进学习,我抽了个时间把他们叫到一起,告诉他们:"你们是很好的苗子,如果能坚持这么用心学习,将来说不定会胜过重点班的学生呢;要在互帮互比的情况下,带动全班良好的学习风气,以利于你们更大的进步;如果有干扰你们学习的因素,马上告诉我,我会帮助你们排除的。"

课间,我看见迪、林、森、灏几个人挤在书柜旁,以为他们在找课外书看呢。过了一会儿,只见几个人手里各自举着一本"语文校本作业",跑过来问我:"老师,是不是该做第十课的校本作业了?我们想提前做。"

"是的,"我笑看着他们,"我正准备下节课布置这个作业呢。你们真积极,真是好样的!"说着,我对他们伸出了大拇指。

"好嘞!赶紧写去!"几个人面上含着自豪而开心的笑,纷纷坐在自己的座位上,埋头写了起来。

我心满意足地看着他们,真想给每人都来个拥抱。

(五)

语文复习课。我给学生们听写了文言文的有关内容,为了当场反馈成绩,我让他们互相批改对方的卷子。

下课后,迪、林、宇、灏、宸他们几个还互相拿着对方的卷子仔细"审查",想要"鸡蛋里挑骨头"。这几个孩子,近来的学习热情高涨得不行,看着就令人高兴。

"哎,宸,你这儿有个错别字!"迪大叫道。

"哪儿呢?让我看看。"宸有点不服气。但接过来一看,他懊恼地猛拍了一下自己的头:"哎呀,真是的!"

"来,再给我看看,还有没有错误。"迪兴致勃勃地,一副乘胜追击的架势。

"哎,宸,你这儿又出现了个错别字!"迪又一次大叫。

如是几次,我看到,宸的脸色变了。他一句话也不说,默默地在自己的座位上坐下来。突然,他举起拳头朝自己的头上狠狠地擂了起来。

我急忙上去拦住他:"净犯傻! 怎么能这样!"

"老师,我恨死自己了!"宸的眼泪大颗大颗地落在课桌上。那边的迪,想不到自己无意间惹了个麻烦,尴尬得脸上通红。

宸这个孩子,学习特别用心,只是由于底子薄,所以经常感觉到吃力、懊恼。尤其是近来,我感觉到迪他们几个你追我赶地比赛学习,给了宸不小的压力。我正好借这个机会开导开导他。

宸痛彻心扉的样子真是让人心疼。我坐在他的旁边,小声同他谈心:"宸,迪这么做其实是为你好呢。他现在指出了你的错误,一旦在考试中碰到这个题目,你就不会错了,这多好啊! 还有,你可能是看到迪、林和灏等人的学习劲头高涨,有了危机感,对吗? 这是好事啊,你完全可以把这些变成促使你进步的动力。而且他们目前的成绩是不如你的,如果他们哪天赶上你了,你岂不是又多了几个可以切磋交流的对象?"宸不哭了,略微抬起了头看看我。

"而且,他们这么做,无意中会促使你的成绩越来越好呢。何况,我感觉他们想要超越你还是有一定难度的呢。因为,你的努力老师们都看到了,好几位任课老师都向我表扬你,说是对你很看好呢。"我接着说。

"嗯,我知道了,老师。"宸擦着眼睛答应道。

"你刚才那个有点小心眼的举动,让人家迪有些尴尬啊……"我笑着说。

"我去给迪解释一下。"说着,宸站起来向迪走过去。

我看到,两人很快就有说有笑起来。我放心了。

(六)

"五一"劳动节前夕,我有幸作为郑州市"五一"劳动奖章获得者参加了表彰大会。

会上,一位获得"郑州大工匠"荣誉的师傅——陶留海作为代表上台发言。听着他朴实的讲述，我被深深打动了。"我从南阳电力技工学校毕业……我成长为国家电网公司首批最年轻的生产技能专家，被授予国家电网公司专业领军人才称号，获得国务院政府特殊津贴专家、全国技术能手称号……获得发明专利 13 项，实用新型专利 37 项，参加编写国标 1 项、行标 4 项；合著论著 11 部，在核心期刊及杂志上发表论文 40 余篇；获得中国电力创新成果一等奖、中国能源创新成果一等奖、国网公司科技进步一等奖等省部级奖励 20 余项；主持填补了我国输电线路带电作业 8 项空白……"

多么了不起的人啊！学历虽然不突出，能力却那么强，贡献却那么大……我心中一动：多么生动的教材，我完全可以把他的事迹讲给我班里那些成绩不好的学生听，用身边的事实告诉他们，也许他们将来无法上高中、考大学，但他们完全可以像这位陶留海师傅一样，好好学习一门技术，好好工作，为社会做贡献，让自己的人生闪闪发光呢！

表彰会结束后，我专门找到穿一身工作装的陶留海师傅，请求与他合影——我要让我的学生们一睹这位大工匠的风采，学习他，效仿他。听我说明了来意，朴实、真诚的陶师傅很感动，热情地答应了我的请求。他还告诉我，如果需要的话，他可以亲自到学校和孩子们开个座谈会，好好聊一聊。

班会课上，我专门把陶师傅的事迹讲给学生们听，又给他们看陶师傅的照片。我看到，不少孩子的眼睛里闪动着向往和羡慕的亮光。

也许，会有希望的种子悄悄地埋在稚嫩的心田里了？

但愿。

（七）

语文课上，我一边巡走在学生中间，一边给他们听写生字词。

走至珈的身边，我看到她的字体比以前工整美观了不少，心里不由得一喜，想到了几天前的一幕。

那天一下课,珈就拿着两个本子送到我面前,笑盈盈地说:"老师,这是我和迪的作业。你评评我俩谁的字好看?"此时,迪也笑眯眯地跟了过来。

我拿起两个本子,仔细端详了一会儿,说:"我看啊——还是迪的字比你的好看那么一点点。"我心里暗自得意:嘿嘿,珈这个问题问得真是太好了!这几个孩子,一直在比学习,比进步,可是他们的字也一直是我心中的"痛"。尤其是珈,我说了她好几次,也不见她的字有半点进步。今天,她倒是自己主动送上门来了,刚好,借此机会刺激她一下。

珈睁大了眼睛问我:"真的?"

"嗯,真的。"我看着她的大眼睛,认真地点点头。

想到这里,我又惊又喜:肯定是我的那次刺激让珈的字体有了这么大的改观。太好了,待我再给她加把劲。

"嗬!珈的字体怎么变化这么大?比原来好看多了!这下把迪可甩得够远的。优秀的人就是这样,一旦发现了自己的不足或者不如别人的地方,就马上改进、完善,让自己越来越优秀!"我大声向全班同学讲。

大家都向珈投来了羡慕的目光,珈的脸上洋溢着自豪喜悦的笑,迪则不服气地向珈挥了挥拳头。

我相信,接下来,迪会奋力追赶珈,而珈肯定会想方设法不让迪赶上自己的。那么,我们就等着瞧好吧。嘿嘿!

我们复学啦

4月13日——我们九年级毕业班复学的日子。

尽管在此之前,学校已经组织毕业班的所有老师反反复复进行"复学演练",我在钉钉给学生们开复学动员会时也一遍遍要求和叮咛,但面对即将到来的学生们,我心里仍有些忐忑:演练毕竟是演练。那些精力过剩、活蹦乱跳的孩子一旦聚到了一起,不知道又会发生怎样不可预知的事……

早上6:50,我到学校门口时,就看见已经有学生按照要求,排着间隔一米的长队在校门口安静地等候了。没有往日的嬉闹、说笑,只有沉默,或者低声交谈。

执勤的老师们已经全部到位。他们身穿防护服,手持测温枪、消毒液,全副武装,严阵以待。

我赶紧上楼、进班,拿出事先备好的额温枪、体温记录表等,站在教室门口等候。不久,学生们上楼了,一个个戴着口罩却一眼就可以认出来的面孔陆续出现。没有拥挤,没有喧嚷,每个人都自觉地排队、接受体温测量、进教室、记录自己的体温数字、在静默中端坐——是前所未有的安静和有序。

　　一切就绪后,是特殊的升国旗仪式:学生们站在自己的座位上,听着广播里的指挥,举手敬礼。每个人都笔直站立,神情肃然。

　　接下来,观看"开学第一课"视频。看完视频,我也给他们上"开学第一课":和他们聊国内疫情、海外疫情,聊疫情带给我们的种种思考……看似闲聊,实则把民族自豪感、珍爱生命、勤奋上进的种子于不知不觉中植入了他们的心田。

　　口罩上方,一双双年少的眼睛里,透出的是清一色的思索——里面有前所未有的沉静和凝重。

　　课间,没有了往日的打闹和推搡,只有保持距离的安静交谈。

　　最后,我让他们写一写复学的感受。

　　"头天晚上定的是早上五点半的闹钟,我却在五点二十就醒过来了。一切准备就绪,我做了二十个俯卧撑才走出家门。一定要以最好的姿态面对学校、老师和同学。"

　　"踏入期盼已久的校园,我异常高兴和激动。早早地,我就在校门口等候了。同学们都非常听从指挥:排队、测体温、手部消毒,一切都那么井井有条。"

　　"校门口、楼道上、班级门口,都有老师在值守。走进教室,看到久违的老师和同学,有许多话想说,但是不行,我们还要做好防护。"

　　"终于可以回到亲爱的学校了,心里只有一件事:学习。加油!不让自己的初中阶段留遗憾,不让人生留遗憾。我希望自己快快长大,能在国家需要的时候,可以奋不顾身地冲上去。"

　　一份份看过去,一次次热流漫过心头。

　　下午,最后一节是我的课。

　　给学生们安排好学习内容,我想:"距离中招考试的时间不多了,是时候督促他们尽快进入学习状态了,得和他们分别聊聊。"

首先,是和那几个不好好上网课的人进行"清算"。

最先被叫出来的,是阳。疫情期间,他不好好上网课,无论各科老师怎么催,都不肯交作业。

阳自知理亏,小声咕哝着向我"坦白":在家里主要是玩手机,有时候也会自己骑个电动车到郊外去逛。爸妈是做小买卖的,他们每天都出门很早,回来很晚……

我正告他:"爸妈为了一家人的生计这样奔波,你更应该管好自己的学习,不让他们操心才对。可是,你却做出这些没心没肺的事,糟蹋自己——是不是太没良心了?"

他抬起头,望着我连声表示:开学后一定拼命学习,把浪费的时间补回来。

示意阳回教室后,我把东叫了出来。

这孩子,在家里把爹妈"虐"得不轻。网课,他一次没上过;作业,他一次没交过。他妈妈曾经给我打电话说,自己快要被他晚上毫无节制地玩游戏、白天毫无节制地睡懒觉给逼疯了。

没等我开口,东却"先发制人":"老师,我知道你叫我的意思,是要说我这段时间不好好学习。我知道错了,不过,通过这次疫情,我懂得了很多,懂得了我们中国的了不起和强大,懂得了国际形势的复杂……"东的脸上透着腼腆的绯红,嘴里却滔滔不绝。

"说得挺好,但是,不学习知识到头来也是一场空……,你又怎么更好地为国做贡献呢!"我嗔怪道。

不过,一个整天迷恋游戏的孩子,经过这次疫情,竟然开始思考世界了,而且还挺有见地,也确实叫人欣喜。我伸出指头点点他:"你啊!现在才是个初中生就这么有思想、有口才,如果能用心学习,将来肯定是个不得了的人才呢。只可惜,你被游戏这个'妖精'祸害得不轻……要把心思放在学习上啊,别糟蹋了自己这么好的天赋!"

"清算"完毕,我又分别叫出假期里那些学习用心的孩子:旸、鑫……给他们加油鼓劲。

随后,我站在讲台上,静静环顾教室,逐一打量着学生。

室内弥漫着令人愉悦的静谧气息,每个人都在埋头书写;1 米左右的间距,始终被保持得很好;地面干干净净,光洁如新。

一切都是前所未有的好。

也许,如今的他们真正懂得了生命与健康的可贵;也许,经历了漫长的"假期"他们终于知道了求学时光的美好。无论怎样,看来,疫情已经在孩子们的人生词典里郑重地添加上了"敬畏"与"珍惜"。

接下来,他们还应当懂得"责任""担当",懂得"家国情怀"。作为他们的老师,我会一一告诉他们的。他们,也一定能真正理解。

放学了。看着他们自觉拉开距离,鱼贯而出后,我也走出教室。恰好校长走过来,我们交流这一天来的感受。我说,学生们的表现实在出乎我的意料,乖得叫人心疼,是前所未有的好。

"是啊,看他们今天一整天的表现,真是成长起来了! 这次疫情就是一部教科书啊,给了他们全方位的教育。如果能继续保持这样良好的状态,不久以后,其他年级也都可以照着这个模式顺利复课啦。"

校长略显疲惫的眼睛里,透出的是喜悦的光。

抬眼远望,蔚蓝的天边,是一抹橙红的晚霞,宁静中透着些绚烂。明天,又是一个春光明媚的晴好日子。

酸甜苦辣说报名

到中招报名的时候了,也该是学生们根据自己的成绩和实力做出选择的时候了:考高中还是上中专?报哪个高中?上哪所中专?

一时间,学校、老师、学生家长和学生们的话题都成了"你打算报哪个学校""老师,我报哪所高中合适""老师,你给参考一下孩子报考哪个学校好"……面临这样的重大抉择,学生和家长们纷纷来找我做参谋,同我当面谈、微信谈、电话谈——从早到晚,接连不断。

林在班里的成绩很好,他想报考一所较好的省级示范性高中,可是眼看年级里有不少重点班的学生也报考了这所学校。这样一来,林就不占优势了。但因为他是少数民族,如果报考回民中学的话,他的中招成绩按规定可以加分。林到底该报哪所学校?晚上,他的妈妈和我通了一阵电话,商量一番之后,她说,还要再和家人斟酌斟酌,然后才做决定。第二天早上,林告诉我,他最终确定报考回民中学了。

我感觉,这是个不错的选择。

宇是个学习很用功的孩子,只是因为他小学时养成的学习习惯不好,导致学习基础也不好。上了初中后,他尽管有了不小的改进,但有时在学习上注意力不集中、有些道理怎么也悟不出来的弱点还是时不时会表现出来,在学习方面明显有些吃力。好在他越来越知道了学习的重要性,学习也越来越用心,所以成绩一直在缓慢地提升。这次报名,他本来已经基本确定了报考一所中上等水平的高中,但回家同家长合计了一番后,又产生了诸多的顾虑和想法,就考虑报考另外一所新近成立的高中,说是新学校的分数线不会太高。如此反复几次后,依然难以做出决定。宇的爸爸又给我打来电话,反复同我探讨,到底报哪所学校更合适……

最终,也没有下定论。宇有些沉重地告诉我:"老师,我真是体会到了,成绩不具备竞争力,只能报考那些人家挑剩下的学校。唉,太后悔太无奈了。"

多么痛的领悟!

"不过,你现在领悟到这个道理一点都不晚。到了高中依然不懈地努力,你将来面临高考选择的时候,就能多些自主权,就能扬眉吐气地选择自己心仪的学校。"

已经晚上十点多了,琦的妈妈还在跟我通电话:"李老师,孩子的成绩是不是只能报考郑州市综合实力差的高中了?"她显得很不甘心。反复同我探讨过后,她一再向我表示无奈和后悔:"都怪我们当初图省事,让他跟着爷爷奶奶生活了好多年,导致孩子学习不用心、不专注,成了如今这个状况。唉,现在说什么都晚了……"

我说:"是的,责任主要在你们做父母的那里。教育孩子本身就应该是父母的责任,你们却完全放手,把对孩子的陪伴和教育全丢给爷爷奶奶,这是你们的失职啊!一定不能责怪孩子的爷爷奶奶,他们能帮你带这么多年的孩子已经难能可贵了,你不能再苛求他们把孩子教育得多么优秀,他们哪有那个能力和精力?"

雅的爸妈来自农村,他们拖家带口来到城里,靠做小生意谋生。尽管夫妻二人十分忙碌辛苦,家庭条件也不好,却对雅百依百顺,从来不限制她花钱。雅曾经出过不少问题,反馈给她的爸妈之后,他们总是很积极地表示一定要好好教育孩子,实际上却并不放在心上。如今,眼看雅的成绩考高中几乎没什么希望,她的妈妈着急了,跑到学校同我商量:要不要给雅请个一对一的辅导老师,有没有能让她迅速提升成绩的办法。

我只能对她苦笑,摇头。"学习本身就是一件必须长期坚持、长期努力的事情,也是综合培养和考量一个孩子各方面能力的事情。想迅速提升成绩,那简直就是神话,是不可能的!试想,如果抓紧几天、用功几天就能学好,谁还会坚持好多年甚至一辈子用心学习?"

昊的爸妈也来学校咨询了。他们很重视对昊的教育,只是对孩子太民主、太信任、太溺爱,以至于我有时同他们谈到昊的问题时,他的妈妈不仅不正视,反而总显得很抵触、很不高兴。记得那次昊感冒了,他的妈妈趁着课间到班里给昊送来热水和药,亲自看着他吃下才放心。一天两次,直到昊的感冒痊愈为止。听到我直言昊的成绩太差,肯定考不上高中时,夫妇俩面面相觑:"孩子一直不让我们来学校找你了解情况。他总是跟我们说,让我们放心,他一定能考上高中的……"

我告诉他们:"尊重、爱护孩子是对的,但是到了溺爱的地步、无底线'相信'孩子,甚至因此完全拒绝老师的意见和建议,就大错特错了。"

还有些家长说孩子成绩太差考不上高中,想请我给他们推荐几所中专学校。

……

当然,也有不在少数的家长对孩子的考学问题有自己的主见:枫的妈妈执意给她在校外找了个补习班让她去那里学习,报志愿时她毫不犹豫地听从了孩子的意见。露的爸妈非常尊重孩子的意见,任由她报考了一所她一直心仪的不错的高中——尽管我多次劝告他们,以露目前的成绩来看,她是考不上这所学校的。她们的说法都是"让孩子冲一冲吧"。

对此,我只能摇头苦笑。

还有一类学生家长对孩子毕业之后的去向问题抱着无所谓的态度:不商量,不犹豫,很干脆地直接一报了事。扬的爸妈平时因为做生意太忙而顾不上管孩子,此时就毫不犹豫地给扬报了一所中专学校。

总之,综观这次中招报名,我感受到了学生和家长们的信心和主见,无奈和悔恨,犹豫不决和无所谓……真是酸甜苦辣万般滋味,样样皆有。

几天后,报名工作终于尘埃落定。我觉得,有必要给学生们说点什么了。

"同学们,我不知道从这几天的报名里你们都发现了什么,感悟到了什么。你们是否意识到:在每项竞争中,想要占据主动权,占据胜利者的地位,就必须努力,让自身有足够的竞争实力?"

"嗯,是的,是的。"不少学生都若有所思。

"怎么样才能让自己拥有足够的竞争实力?"我看见不少学生的神色都凝重起来。

"我想,你们一定知道答案,那就是努力,再努力!此时,那些成绩不错的同学,应该有种成竹在胸、胜券在握的喜悦感吧?因为你们平时付出了不懈的努力,此时就是你们收获的时候。也请你们谨记:即使你顺利考上了高中,到了高中,你们仍然需要一如既往的努力。"

"那些成绩不差也不算好的同学,你是否有一种无法完全按照自己的意志报考高中学校的无奈与无力感?没关系的,学习没有终点,只要你充分意识到你在学习上的不足和欠缺,努力弥补,拼命追赶,也许有一天你就会赶上来!"

"那些成绩不好的同学,今天你因为贪玩、不努力而在学习这个方面落后了,但并不代表你在其他方面也落后。只要你做一个正直善良、积极向上、自尊自爱的人,只要你意识到自己的问题,未来在自己工作的领域里不懈地努力,你一样会取得令人骄傲的成绩……"

"总之,请大家相信:无论何时何地,只要你努力学习,努力让自己拥有一定的竞争力,那么,天生我材必有用! 最终,你就一定能够成为社会的有用人才。努力吧,少年!"

也许,教育就应该是这样的吧,那些看似常规的事情里,都潜藏着启迪心灵、令人开悟的意义,我们为人师者要及时把它提取出来,呈现给学生。同时,我们还要给他们方向,给他们希望,给他们前行的力量,让他们切切实实地在事实中感受,在感受中觉悟,在觉悟中成长。

来，为师嘱你们几句话

马上就要放暑假了。抽了个空儿，我想和班里那两个无论如何都不想学习的家伙聊聊。

"来，你们两个过来一下。"听见我的招呼，恒和凡两个人龇牙咧嘴地笑着，屁颠屁颠地跑了过来。

"啥事，老师？"一副期待着惊喜发生的表情。

先跟他们绕个小圈子。

"等到暑假过后，你们就是九年级的学生了。有没有想过九年级要怎么度过？"

两个人不笑了，互相对视了一眼。

"嗯……没想过。"恒咕哝道。

"到了九年级，可能我还是不想学习。"凡吐吐舌头，做了个鬼脸。

"那，这个暑假怎么过，你们有没有打算？"

"我老爸说，让我去一个汽修厂打工，他都给我联系好了。"凡笑嘻嘻地抢先说。

"嗯，这个主意不错。是应该结束你们'醉生梦死'、不是打闹就是睡觉的日子，让你们体验一下谋生的不易了。凡，你心灵手巧，动手能力很强,我感觉去汽修厂打工还真是挺适合你的。"真的,凡的确是个聪明灵活的孩子,动手能力很强。这不,前些天我在班里的座椅坏了,他和恒一声不吭拿来了工具,三下五除二就修好了,技术过硬,直让我惊叹。只是可惜他从小没有养成良好的学习习惯,导致现在不爱学习只顾贪玩。

"嘿嘿,刚好我对汽车也特别感兴趣。"凡说着,伸手摸了摸自己的脑袋。

"这更好啊!现在汽车这么多,干汽修肯定有前途。不过你还得学点文化课,读点书才好,要不然将来连个说明书都读不懂,可怎么成?将来上不了高中,你可以上个正规的职业学校,专门学习汽修专业。如果表现出色,还会有不少用人单位争着聘用你呢。加上你能说会道的,如果再多读点书,说不定还能成个'双师型人才'呐——既能在专科学校里做技师,又可以做老师为学生们上课呢。"我连说教带调侃。

"真的?"凡睁大了一双满是惊喜的眼睛。

"那当然了。前些天我不是给你们讲过嘛,'五一'节时同我一起受表彰的那位郑州大工匠陶留海师傅,当年就是南阳技校毕业的,如今他还去给大学生讲课呐。他因为工作认真努力,获得了2018年感动中原人物、国务院政府特殊津贴等很多荣誉,胸前挂了五六枚奖章。厉害得不得了……"

"哦,对,对!老师,你是给我们讲过,那个郑州大工匠!"两人恍然大悟。

"可是,我觉得我无论如何也到不了他那一步呢,想都不敢想。"凡耸了耸鼻子,有点沮丧。

"谁当初敢想那么远?都是踏踏实实,好好干工作,一步一步走过来的。比如说你们的老师,我,当初连想也没想过自己会成为什么特级教师呢,就是一心一意好好干工作,干着干着就成特级教师了。"我开始现身说法。

"老师，我觉得你比特级教师还好！"凡向我伸出大拇指。

我哈哈大笑："你这家伙，还学会奉承了呢。"

"老师，我想毕了业去当厨师。"恒也开始畅想自己的前途了。

"好啊！学厨师也是传承咱们的饮食文化呢。'民以食为天'，社会越发展，人们吃饭越讲究。做个好厨师，一定很有前途。将来咱们班同学聚会，你还可以为我们掌大勺了呢。"我笑着看恒。恒腼腆地笑了。

"说来说去，有几句话我得嘱咐你们：不管将来你们干什么，都一定要走正道，在学校好好学技术，走上工作岗位后努力干工作，没事时还要读点书。一定不能到处乱跑，抽烟喝酒打群架，不学无术只学坏！"我扫视着他们俩，一字一句地说。

"对！不能几个人往那街边一站，嘴里叼个烟卷，小小年纪就像个小流氓。"凡一边学着我的口气，一边满脸坏笑，眼睛斜乜着恒。

恒有点不好意思起来——就在前几天，他因为抽烟被政教处逮了个正着。说实话，我这次这样叮嘱他们，也跟他这件事有关系。我最担心的就是这些孩子将来走上社会之后不务正业，学坏、走偏。

"尽管凡说的是玩笑话，但你说的不是没有道理。不管干什么，都要做好人，干好事，凭劳动和能力吃饭。绝对不能去做歪门邪道的事情，走上违法犯罪的道路，到最后既危害社会又葬送了自己的人生——能记住我的话吗？"我一脸凝重，语重心长。面对这两个即将离开我的视线两个月、试着踏入社会的孩子，我想再重锤敲打他们一下。

"嗯，记住了，一定做到！"凡举起右手，放在脑袋一侧，郑重地来了个一点都不标准的敬礼。

恒笑着看看他，又看看我，说："好的，老师。一定做到！"

真是不一样

　　为了美化办公室环境,学校给每个办公室配了两盆绿植,又给每位老师发了一盆多肉。

　　这多肉被栽植在一个仅有巴掌大小的盆里,可空间还显得绰绰有余。那块拇指大小、类似仙人掌的不规则主茎上,不规则地长出几根细细的绿茎,仅有两寸来长,上面分布着一丛丛的细刺——我宁愿叫它绒毛,因为它们是那么的细小。

　　大家都不知道这丑丑的小东西叫什么名字,也懒得去询问。许多人信手把它搁置在一个角落里,从此再不看也不管,任由它自生自灭去。我亦是如此,信手把它放置在办公桌的角上,便不再多看一眼。只是,每当浇那两大盆绿植时,我有时会随手给它一点水。心想,无论如何,这也算是一点绿色呢,给它点水,叫它生死由命吧。

　　不久,不少人的多肉都枯死了,只剩下一个小小的盆。到后来,人们嫌碍事,干脆将那小盆也扔掉了。

　　一天,无意之中,我的目光落在自己那盆多肉上,眼睛微微一亮:它不仅依然绿绿地挺立着,甚至好像还长了一点。心想,如果我稍微用心培植它一下,会怎样呢? 反正是随手的事,又不占用多少时间。

于是,我小心地给它的根部培了培土,透透地浇了一次水。

有同事看见我这么做,又送来一盆:"干脆,你再收养一个吧。"

嘿嘿,既然是"收养",那可比不得"亲生"的,就更要对人家负责任了啊。心里顿时有了点使命感,从此以后,倒是比原来更上心了:把它们放置在我办公桌旁边柜子上一个相对安全的地方,隔上几天看看,该浇水时一定浇水。就是在假期里,我也要专门抽时间来给它们浇水。

春季开学后,两个小多肉安然无恙,它们依旧站立在属于自己的小小世界里,保持着莹莹的绿意。要知道,在这个格外寒冷的冬天里,办公室的其他绿植被冻得黄了不少叶子呢。

春天来了。我的两个多肉明显焕发了生机:一根根直立的绿茎迅速长高,那么晶莹的绿,那样透明温润的质地,像翡翠,像玉石,真是像极了。筷子头一般粗细的绿茎上,一丛一丛的白色绒毛向四边尽力舒展着,绽放着,像星星璀璨着夜空,还像婴儿的眼睛在好奇地打量着眼前的一切。对,更像是一个个纯粹灿烂的笑容,热烈地表达着它们对春天的赞美,对自己迎来新的生命旺盛期的欢欣。

那么,是不是会有那么一天,这个小天地再也无法容纳这么蓬勃的生命,需要我为它们更换一个大盆了呢?

闲暇时,我会坐在办公桌前,把多肉放在眼前细细打量。感觉此时的内心,满满的是绿色的宁静,绿色的欣悦,绿色的享受,真是惬意至极。那多肉仿佛也在静静地与我对视,真是相看两不厌。

看着,看着,心里一动:这生机勃发的小东西,多像我如今正带着的那帮普通班学生啊!

这帮孩子,刚刚踏入初中校门的时候,一脸的好奇又一脸的懵懂无知,更让人揪心的是那一身的毛病:不讲卫生,不守纪律,不文明,不礼貌,上课不好好听讲,下课不认真写作业,只知道吃、玩、闹……

说实话,有时候让你闹心得真想放弃他们!可是,静下来想想,面对这样一群孩子,我们的教育不能只是为了培养少数几个学习成绩好的学生,更应该是真正的育人——着眼于每一个孩子的生命教育,尽我们所能,把真善美融入他们的心灵,融入他们的生命,帮助他们培养好习惯,摒弃坏毛病,提升认知和辨别能力,使之成为一个完整的、健全的、积极向上的人,一个能为社会做出贡献的建设者。正如眼前的多肉植物,哪怕再渺小,也尽己所能向这世界散发出自己的绿色和生机。

于是,我时时提醒自己:要像浇灌、栽培多肉植物一样,压制住内心的焦灼和不耐烦,让尊重、呵护和管束成为与学生们相处的常态,把耐心、温和与引导作为与他们相处的方式,耐心履行自己作为园丁的职责。

渐渐地,一年多的软磨硬泡下来,学生们终于像我的多肉植物一样,出现了可喜的变化:教室越来越整洁,纪律越来越好,孩子们与我越来越亲密,我的压力也逐渐有所减轻。

有时候,站在讲台上默默地注视着他们,我的心里就会突然冒出一个念头:终有一天,我的这帮学生会像我的多肉植物一样,在属于他们的天地里活泼、壮硕地生长,因为,他们的根开始向纵深处生长了。

一天,一位同事来到我们办公室,看到我养的多肉植物,像发现新大陆似的:"呀!我们的多肉早就连盆都扔掉了,你的却长得这么好。用不用心照管,结果真是不一样啊!"说着,她就想用手去触碰一下它们。

"哎,哎,只许看,不许碰我的宝贝啊!"我笑着大叫道。

是啊,我可不许任何外力伤害我的多肉植物。我的这些宝贝们,正在用它们的健康成长,讲述用心栽培之于生命、之于成长的深远意义呢!

耐心篇

　　我深沉地注视你，把你放在我心上——我相信，历经过反复，你定会开放一朵属于自己的花，抑或长成一棵投下绿荫的树。

润心细无声

一次课间,体育老师王希彦见到我,对我说:"李老师,这几个普通班里,我最喜欢给咱们班上体育课了。"

"真的? 太好了! 为什么呢?"我问道,满脸掩不住的喜悦。

"因为咱们班的男生很团结,也听我的话,跟我的关系处得挺好,对各个训练项目接受得很快。"王老师脸上也是满满的笑容。

"还是你教得好,能够抓住学生们的心啊。"我对希彦老师伸出大拇指。

"不完全是因为这个。我教其他几个班的感觉,就不如在咱们班。"体育老师是个非常真诚、很有修养的年轻人。

回到班里,我就兴高采烈地把这个消息分享给了全班同学:"我听到体育王老师对咱班的评价后,真是又自豪又高兴! 大家的表现都很棒啊,真是该表扬。"环视了一下教室,我又接着说,"不过,咱们可不能骄傲自满。人家王老师越是表扬咱们,咱们就越是应该怎么做呢?"

"做得更好!"全班同学七嘴八舌喊道。

"好样的! 不愧是我的学生。对,就应当这样,王老师越是表扬咱们,咱们就越是应该努力做得更好,不辜负王老师的评价才对。"我边说边笑着伸出大拇指。

　　记得当初接手这个班时,我就发现,班里男生人数极多,占到全班人数的三分之二。我想:普通班男生普遍的毛病是调皮、贪玩、纪律差、学习不用心。但他们也有一定的长处,那就是简简单单、大大咧咧、心胸开阔,没有那么多的是是非非。如果能够把这帮男生引导好,那么,这个班级的大半壁"江山"就稳固住了。

　　所以,在对男生的管理和引导方面,我的确是下了些功夫的。

　　第一是耐心。这些男孩子经常会反复犯毛病、违反纪律,我则是不厌其烦地同他们进行"拉锯战":或者批评,或者表扬,却从不流露出不耐烦或者讨厌的情绪;不放弃每一个孩子,不放过每一次大大小小的教育机会。不管是在卫生、纪律、学习方面,还是在个人修养、为人处世等方方面面,我都会适时地点拨他们、教导他们,以"润物细无声"的方式,把点点滴滴的真善美传递到他们的心灵,浸润他们的人格,为他们未来的发展奠基。

　　第二是尊重。这些孩子当初是因为成绩差才被分到普通班的,可以想见,他们在小学时也许就会因为纪律差、成绩差而不受老师重视,甚至还有来自家长的责备、批评和放弃。难看的脸色看得不少,难听的话语也听得不少。现在,他们到了我的班里,我充分地尊重他们,公正、平等、温和地对待每一个孩子,即使批评,用的也是长辈那种语重心长的口气,让他们充分感受到来自老师的爱心和善意。于是,悄然之间,他们开始信任我、亲近我;于是,我对他们的教导也如雨露般真正润泽了他们的心,化作了他们人格品质的一部分。

　　第三是艺术。初中阶段介于高中与小学之间,此时的他们,既有比较懂事的地方,也有懵懂无知、需要教导点拨之处,敏感自尊、冲动不理智是他们这个阶段人格的主要特征。如果用简单粗暴的方式对待他们,结果只能适得其反——造成师生间的僵持和敌意。相反,面对他们时,如果充分重视每一个细节,充分运用艺术智慧的方式,既让他们在老师巧妙委婉的处理方式中感受到老师的可亲可近,又让他们懂得规则、原则的重要性,懂得为人处世的正确方式,那么,其结果常常会让他们不由自主地"亲其师,信其道"。

总之,班主任和学生相处,处处皆是教育,处处要讲方式。化用一句古诗,即是"润心细无声"。

学学大禹咋治水

近段时间以来,我发现班里的男生中间出现了"拉帮结派"现象。

为首的是帆。课间和放学后,常常能见到他和四五个男生聚在一起说笑打闹。高大壮实的帆,往往被簇拥在中间,迈着八字步,昂首挺胸,面带微笑,目不斜视,颇有一派老大的"风范"。

班干部向我反映:"帆他们几个违反纪律特别严重。"也有任课老师向我告他们的状:"帆他们几个上课都不听讲,不是说话,就是睡觉。"其中的源、硕还因为上课玩手机而被没收了"作案工具"。

直觉告诉我,如果再不治理,恐怕这几个家伙接下来就要惹是非。我决定,要把可能产生的恶果扼杀在萌芽状态,同帆来一个温和的正面"交锋":先问他怎么看待他们几个人之间的关系,再顺势引导他,真正的好朋友应该在一起做积极向上的事情。

双方的"会谈"很愉快,对我提出的要求,帆满口应承,态度十分诚恳。

满是欣慰的我对他们充满了期待。

结果,几个家伙接下来依然故我的表现,直接宣告了我此次努力的失败。

　　我不甘心,不相信在班级管理上会有自己摆不平的事情。一番思索后,我把这个"团伙"的成员全部集中起来,给他们集体"洗脑":"你们做好朋友老师不反对,但真正的好朋友应该比身上的正气,比学习成绩,比着做积极向上的事、做善良正直的人。"

　　可是,事实再一次证明,此次努力仍然以失败告终。

　　我简直有点气急败坏了。

　　想来想去,又想出一个主意:把这几个学生的家长同时请过来,告诉他们这种情况的严重性,争取集中大家的智慧,从根本上解决问题。

　　几位家长准时到位。我招呼大家坐下,又让几个孩子分别站在自己家长的身边。讲清了这次召集大家的原因和目的后,我强调:我们的最终目标不是要惩治孩子,而是要帮助他们健康成长,以避免他们因聚在一起可能发生的种种不测。并且要求这次会谈结束后,各位家长回到家坚决不允许打孩子。

　　我依次邀请各位家长发表自己的见解,又依次请孩子们表态。家长们说得真好,纷纷表示:一定要管教好孩子,周六周日不让他们在外疯玩。孩子们的表态也很真诚:一定不再经常聚在一起了,上课时要好好听讲,要互相比学习。

　　会谈始终在友好融洽的气氛中进行,眼见得前途一片光明。会谈结束后,家长们纷纷礼貌而客气地和我挥手说"再见"。我满意极了,期待着会有一个崭新的局面,回报我的良苦用心。

　　然而,不久之后,又眼见得他们出入成群,前呼后拥了。事实再次无情地宣告:我这次的努力虽然有点成效,但仍是很不理想。

　　气急了,我简直想放弃:随你们的便吧,不管了!

　　可是,不管怎么能行呢?

　　那么,到底怎么管才会有效呢? 苦思冥想之后,突然想到了大禹治水:强堵不如疏导,要化害为利呀。对,利用他们爱抱团的特点,引导他们做些好事。

于是,我开始不动声色地行动起来:凡是需要几个人去做的杂活,都叫上他们——搬书发书,抬重物,领取打扫卫生的工具,等等。与此同时,我会不失时机地表扬他们的集体荣誉感,他们的无私精神。顺带还时时告诫他们:不能欺负同学,不可惹是生非。

渐渐地,几个人表现得越来越好,甚至发展到每天帮助同学打扫室外卫生了。

可是,不久后我又发现,因为去室外的人太多,又导致了打闹现象的出现。我明白,这几个家伙一方面确实是想帮助同学,另一方面也是实在不想在教室久待,想借机"放风"。

不行,还要好好引导一下。我叫住他们几个商议,请大家想个帮助同学打扫室外卫生的好法子。

"老师,干脆以后我们几个把这个任务包下来吧,不用其他同学去打扫了。"帆一提议,其他几个同学立马表示赞成。

"那怎么成!一年四季那么多天呢。再说了,毛主席说过,一个人做一件好事并不难,难的是一辈子做好事。"我试探道。

几个人边笑边嚷:"没事,老师,我们可以坚持做好这个事情的。"

我沉吟了一会儿,说:"那好,就先按你们的意见来。等哪天你们不想打扫了,马上告诉我,不要为难自己。"

从此以后,无论春夏秋冬,无论刮风下雨,几个人总是准时准点地完成任务,并且乐此不疲。我心里实在过意不去,就多次在班里表扬他们。私下里则嘱咐他们:真是不想学习的时候,可以读些课外书,丰富自己的内涵,提升自己认识世界、适应社会的能力。

渐渐地,反映他们问题的人数和次数越来越少了,他们做好事的范围反而越来越广了。除了完成打扫卫生的任务外,还时不时地向我反映班里比较严重的问题:女生分了两个"帮派"闹矛盾;新来的插班生带手机到学校玩;有女生在 QQ 空间晒早恋的照片……不仅如此,他们还帮我出主意处理这些问题。

此时,我也真正领略了大禹治水的高妙之处。

伏"魔"记

一段时间下来,我彻底领教了:华这个女孩子,可真不省心啊。

刚入校不久,就有学生悄悄告诉我:小学时他跟华一个班,那时的华就经常把老师气得头疼,挨批评、请家长成了家常便饭。

初闻此言,我还颇有些不信邪:哼,不管何方"妖魔",我都能用变幻无穷的招数将她彻底"制服"。

不承想,华这个女孩子还真是令人头疼——她捣乱的招数真真是变幻无穷。

课堂上,她要么睡觉,要么前后左右地找人说话;下了课,她不是在班里上蹿下跳,就是去别的班级找人搭讪;全班同学排队下楼时,她在队伍里摇头摆尾,勾这个的肩,搭那个的背,嘴巴一刻也不停;不仅如此,经常有男生委委屈屈地向我告状——"华踢我""华掐我""华骂我"……

有一次,我发现她的书包里塞着满满的零食:三个石榴、两罐加多宝、两瓶酸奶、一包薯片——简直就是个杂货铺!我沉下脸,一字一顿地说:"这是校规班纪坚决不允许的!你说,这些东西怎么处理?"

她一边毫不犹豫地说"扔掉",一边在众目睽睽下,从容不迫地把那些东西一股脑儿扔到垃圾桶里去了。

　　不久后，全校都认识了我们七一班的华。谁要是不知道她，那简直就是太闭塞，太没见过世面了。

　　面对这个"魔女"，"久经沙场"的我，也明显感觉到有些吃力。

　　这天，我刚走到教室门口，就有几个学生围上来，神情紧张而惶恐地说："老师，华又闯祸了！"

　　在他们七嘴八舌的述说中，我了解了事情的来龙去脉：教生物的王老师新做了个发型，他一进教室，就被华看到了。这个"魔女"马上扯着嗓子大喊大叫起来："哇！这分明就是花心'渣男'发型啊！"

　　一向和善而又温文尔雅的王老师愣住了，回过神来之后，被气得满脸通红，说不出一句话来。

　　半天，他才撂下一句话："以后我来上课，如果有华在，我就不上！"

　　我赶忙去找王老师，王老师余怒未消："太侮辱人格了！教学这么多年，我哪里遇到过这样的学生！"

　　我安慰他："王老师，那就是个无法无天又没心没肺的丫头，别为她生气。这次我一定好好教训她！"

　　回到班里，我勒令华："好好写一份说明和反思，要诚恳地向王老师道歉，不能少于 500 字……"

　　这边正在处理华的事情，那边学校又通知开班主任会了。等开完会，就到了课间。我不放心华，就想着到班里看看。好在我们班的教室就在会议室对面，中间隔得不远，说去也快。

　　哪承想，我一边从会议室下楼，一边就望见对面教室的走廊上，华正在跟几个男生发疯似的嬉闹。只见她满脸泛光，手里举着两包薯片，一边笑嚷着什么，一边分发给两个正嬉皮笑脸离她最近的男生。很快，又有几个外班的男生围了上来。

　　一时间，我们班教室外面简直人头攒动了！华得意洋洋地跑回班，很快又跑出来，手里又拿了两包零食……

我的肺都要气炸了，顾不得年近五十的"高龄"，飞跑着下楼，又飞跑着上楼，三步并作两步奔到华的跟前，怒目圆睁，夺过她手里还未来得及分发的零食，用尽十二分力气，恶狠狠地摔在地上。

我直起身，怒气冲冲地扫视着周围，那两个男生吓得赶紧把还未来得及享用的薯片乖乖地交给我。我一把抓过来，又狠狠地摔在地上，大吼一声："去！看她书包里还有没有零食？全给我拿出来！"

很快，几个学生又拿出来一包，小心翼翼地送到我跟前："剩这一包了。"

我一把抓过来，又狠狠地摔在地上。

几包零食都被我摔炸裂了，碎屑四散了一地，地上一片狼藉。

正沉浸在得意中的华，肯定做梦也没想到我会突然出现在她面前，更没遇到过这样的阵势，一时间也吓呆了。我注意到，她脸都白了。

我紧盯着她，恶狠狠地吼："去！给我彻底打扫干净！一点碎屑都不许留！"

华浑身一抖，赶紧去拿了笤帚和簸箕过来，小心翼翼地扫起来。

我用犀利的目光向那些围观的外班学生扫过去，他们赶紧知趣地走开了。我暗自冷笑：哼，今天，就让你们这帮只知道吃喝玩闹的家伙见识见识我这老班主任的厉害！

这一次，我可真是拼了老命。

我心里明白，自己这次怒发冲冠的举动，就像是医生给重症病人下的一剂猛药，为了争取最大的疗效，可以偶尔为之，但绝不可多用、滥用。否则，就会适得其反。

可是，事情还远远没完。

很快，见识了我的厉害的华就讪笑着，毕恭毕敬地把她给王老师赔礼道歉的说明与反思交了过来。

我扫了一眼:字体工整,字数足够,表意真诚。我哼了一声,说:"去吧,恭恭敬敬地给王老师送过去。"

不久,华回来了。看见我,一副垂头丧气的样子,嗫嚅着:"王老师说,他不接受我的道歉。"

我心里一喜:很好。刚给华下过猛药,现在就该用慢药一点点地来了。

"这说明了什么?"我看着她,冷冷地问。

华咕哝道:"说明王老师很生我的气。"

"你还知道啊!这样口不择言的,亏了他是你的老师,要是换作陌生人,人家不狠狠揍你一顿才怪呢。这样吧,为了表示你的诚意,再去找王老师。一定要争取王老师的原谅!要不然,如果因为你,王老师不给咱班上课,同学们和他们的家长肯定不会答应。"

华的眼神开始变得黯淡,声音里有了些无奈:"好吧。"

不久,她又垂头丧气地来找我了:"老师,王老师还是不肯接受我的道歉。"

"那可怎么办?明天的生物课,可不能因为你上不成啊,"我也露出一副忧心忡忡的样子,"要不,让班里同学替你出出主意?"其实,我是想让华听听大家的心声。

课堂上,我把这件事的经过给全班同学完整地讲述了一遍,问他们:"现在华很为难,我也很为难。要不,大家出出主意,说说该怎么办?"

"不用说!谁惹的事就应该谁承担责任!"

"让她继续去找王老师赔礼道歉!"

"就别让华再上生物课了。绝对不能因为她停掉我们的生物课!"

呼声真高。

　　再看看华:眼睑低垂,一声不吭,一动不动,昔日的嚣张和狂野全然不见了。

　　我表示很无奈:"华,也只有这样了。那就按照大家的意见办吧。"

　　第二天,该上生物课了。刚好这两节我没有课,我站在教室门口看事态的发展。果然,王老师一进教室,就瞟了一眼华,冷冷地说:"是你出去,还是我出去?"

　　"叫华出去!"全班同学异口同声。

　　我走进教室,说:"华,你出来吧。"

　　我带着华,向办公室走去——我要跟她长谈一次。

　　办公室里,华向我吐露了许多:父母对她的宠溺无度,成长背景的复杂,她早就想离家出走的念头……说着说着,她撸起袖子,向我展示她跟家人闹矛盾后自己用刀子在胳膊上划出的刀痕。

　　只看了一眼,我就不敢更不忍再看第二眼了:那密密麻麻的暗红色的刀痕,一条条排满在她的小手臂上,简直令人不寒而栗!

　　沉默了许久,我看向她:"傻妞,你怎么能这样! 老师真是心疼你。这样,以后你再有什么心事就告诉我,我尽全力帮你解决,但是绝对不许再做这种自残的傻事了! ……王老师那边,我去帮你说说情,但你自己还要再去找他赔礼道歉,让他感受到你的诚意……放心,这件事我不会告诉你爸妈的。"

　　"嗯,嗯,嗯。"华连声地答应,脸上露出如释重负的笑容。

　　在我的说合下,王老师终于原谅了她。

　　此后,华开始跟我亲近起来:我带她们跑步时,她总是不住地凑过来,看着我傻笑,甚至还跟我开善意的小玩笑;作文里,她简直把我夸成了神,说我是"世界上最漂亮、最有能力的好老师";时不时地她会主动找我,"老师,我想跟你聊一聊",于是我从她那里了解了很多我以前不知道的她那一类孩子的世界和故事……不仅如此,她还特别愿意为班级做事、积极地替我分忧解忧——"魔女"终于被我"降服"了。

但是,我知道,改造灵魂的工作远没有那么简单,那么乐观。接下来的日子里,我还要继续引导她,帮扶她,教化她——这需要耐心地"磨",需要长期的慢功夫。

路漫漫其修远兮。想想华的转变过程,我十分感慨,一副对联浮起在心头:勿急勿躁勿功利,用磨用爱用智慧。横批:重塑好灵魂。

我这一天

（一）

清晨 6 点钟,在闹铃的一片吵闹声中,我醒来了。

迅速地穿衣、洗漱,迅速地烧水喝水、吃简餐——简餐是昨晚备好的面包和牛奶,有时还会是头天熬好放在冰箱里的粥饭。当然了,有时也会来不及吃东西就去学校。

6:50,走出家门,去学校。

7:03,走进教室,学生们已经到了一大半。于是安排两个班的语文早读,嘱咐他们读课本上的古诗文。"期末考试在即,没有多少语文早读时间了,要争分夺秒啊。"我叮咛道。

7:30,发现班上的东又没有来。这个东,迟到是他的一贯作风,估计昨天晚上又不听家长管教玩游戏了吧？得联系一下他的妈妈。

果然,他的妈妈给我大倒苦水:"我也不瞒你了,老师。每天晚上催促东睡觉对我来说都是极其痛苦的一件事。昨天晚上,他玩游戏到 12 点多,都凌晨 1 点了又要去洗澡,折腾到凌晨 2 点才睡下,今天早上无论如何叫不起来。叫得急了,还骂我,推搡我……老师,我太失败了,我心里比谁都难过……"

　　我心内一惊:这个东,平时在我面前还是很乖很有礼貌的,在家里怎么会是这个样子? 我只好安慰他的妈妈:"等东来了,我一定再好好跟他谈谈。"同时,我要求她,要痛定思痛,孩子之所以成了今天这个样子,做爸妈的责任是很大的,一定要反思和改正自己在教育孩子方面的失误。

　　8:00,该上课了。我拿着书本、耳麦走进我教课的另外一个班——二班,却发现这个班的舟没有来。问学生是怎么回事,都说不知道。我赶紧通知了他的班主任小王老师后,这才开始上课。

　　不久,小王老师来到教室:"李老师,舟这会儿来了吗? 他妈妈说,他早上七点就出门了。"

　　可是,教室里哪里有舟的影子?

　　"同学们,有没有谁能提供一下舟的信息? 他的家长找不着他,很着急。"小王老师也有点着急。

　　学生们交头接耳地小声嘀咕开了。几分钟后,阳站起来说:"老师,他好像借了一班哪个男生的电动车说是准备去哪儿……"

　　小王老师和我对视了一下,我们马上来到我的一班。征得正上课的数学老师同意后,我问:"咱班哪位同学把电动车借给二班的舟了? 请赶快告诉老师。舟没来上学,家长又不知道他去哪里了,找不到他,很着急。"

　　文迟疑着举起了手。

　　"你知道舟去哪里了吗?"我急急地问。

　　"嗯……不知道……他只说要骑着我的车子去办个事……"

　　一看文支支吾吾的样子就知道:他没有说真话。我让小王老师把他带到教室外面询问,而我和数学老师各自接着上课。

　　第一节下课的铃声响了。我刚宣布完下课,就见舟低着头,一头闯进了教室。

（二）

　　我走到一班,刚把东西放在讲台上,有学生跑进来对我大喊:"老师,二班有人打架!"我急忙三步并作两步跑到二班教室。

　　"老师来了,老师来了!"围观的人群稍稍散开了些。我走过去,一眼看见,刚才提供信息的阳正站在那里喘着粗气,涨红的脸上有两道渗血的抓痕,鼻梁上的眼镜不见了。舟坐在他的对面,也喘着粗气,面带怒色,脸色黄里泛白。

　　"阳告了舟的状,舟就打了他。看,阳的眼镜也被打坏了。"一副残损的眼镜被递到我面前,镜架已经扭曲变形。

　　"谁说是阳告了舟的状? 是老师怕你出安全问题,再三要求大家提供你的信息,阳才好心说出了你的情况。人家那是好意,怎么能说是告状? 舟你也太是非不分了吧?"我对着两名当事人和一群围观者大声说。

　　说着,我又吩咐学生赶快去叫班主任小王老师过来处理这件事。又有学生悄悄告诉我,舟今天早上没有上学,是去网吧了。

　　第二节课的上课铃声响起来,我赶紧回一班上课。

　　我一边走进教室一边想:关于刚刚发生的事情,学生们都是目击者,他们会作何感想呢? 肯定是五花八门。那么,我有必要帮助他们辨明是非,澄清认识,统一思想。

　　"对于今天早上发生的事情,我想测试一下大家的认知水平。第一,作为学生,逃课要负怎样的责任? 第二,随便出借电动车给别人,如果对方出了事故跟你有关系吗?"

　　学生们马上交头接耳,七嘴八舌,纷纷议论起来。

　　"逃课是要受政教处的处分的,这个大家应该都知道。可是,你知道吗? 法律上有规定,你借车子给别人,如果对方出了事故,你是要负法律赔偿责任的。咱班的文今天借电动车给二班的舟,是不是就面临了一个赔偿的风险?"

"是的!"异口同声。

"还有,二班的舟和阳打架的事,大家怎么看?"我想看看,经过两年的教育,我的学生们能否做到明辨是非。

"舟是非不分!"森脱口而出。"嗯,对,对。"不少同学表示赞同。

"不错! 大家能够明辨是非,让我很欣慰……"

这个用时 4 分钟的教育,我认为很有必要。对于孩子们来说,引导他们懂得哪些事该做,哪些事不该做,是教育很重要的一部分。

(三)

正上着课,东低着头,背着书包进班了,一副羞惭的样子。我让他先坐下上课。

下课后,学生们要到楼下做课间操。趁这个机会,我叫上东,站在操场边上,跟他聊他玩游戏、老迟到、在家里跟爸妈大吵大闹甚至动手的事情。东显得很不好意思,自顾自咕咕哝哝地说了不少,有时能听清,有时听不清:"烦死他们了……说话老那么大声,还好骂人……老是啰里啰嗦的……"

我告诉东:"你的爸妈说话不文明,我可以建议他们改正。但你要知道,你爸妈啰嗦的毛病主要是被你逼出来的。你天天玩游戏,不听话不学习,他们能不啰嗦吗? 再说了,爸妈是你的长辈,你怎么能骂他们,推搡妈妈?"

"以后一定要改正错误,再有这样的行为,我就不认你这个学生了! 以前我一直挺喜欢你的,没想到,你居然会打骂自己的妈妈,这太过分了!"我既严厉又痛心。

东不好意思地垂下了头。

最后,我俩约定:今天东回到家要主动与爸妈和好,保证此后坚决不再发生类似的事件。以后晚上 10 点钟要准时休息,早上 6:25 准时起床。

我让他看着我给他妈妈发微信:"东今天很诚恳地认识到自己的严重错误了,他表示一定要改正……请你做好监督工作。孩子也希望你和他爸爸给他营造一个更加和谐文明的家庭氛围……"

此时,课间操也结束了。10:10,我让学生们回教室,自己去了办公室。刚坐下,一位年轻老师走过来,想让我指点一下她备的课。等我们把课说完,时间已经到了 11:30。

赶紧回家,做简单的午饭,赶紧吃饭,赶紧睡觉。

(四)

13:45 起床,13:50 去学校,14:03 走进教室。

女生溪迎面走过来:"老师,我想给你说件事。"她神情黯然,眼眶里有极力压制的泪水。

原来,溪和欣、珈、婧、鹏等九个学生今天下午要参加学校的校园剧演出比赛,需要去租用演出服装,在租服装的过程中,几个人发生了矛盾。于是,溪就赌气一个人先回来了。

我安慰溪先平静下来,等顺顺利利地把剧目演完再说。溪很听话地答应了。

下午,我没有课。下午第一节课时间,刚回办公室坐下来,东的妈妈就给我发来了微信:"老师您好!东今天回到家里,表现明显好多了,给我道了歉,说是以后要按时休息,按时起床。感谢您对他的教导。"后面是咖啡加拱手作揖的图案。

我笑了,回复她:"但愿他能持之以恒。以后,他依然需要我们的耐心引导和监督。你和他爸爸也需要反思和纠正自己,也需要持之以恒。"

她回复:"是的,老师,您说得太对了。以后我和他爸爸也一定努力做到。"

第二节上课时间很快到了。因为计算机老师公出，我需要到班里看着学生上自习。

自习课上到三分之一，那几位去租演出服装的学生满头大汗地回来了。一见我，他们就七嘴八舌："老师，今天溪做事很不像话……"我装出一无所知的样子，听他们讲完事情的经过，嘱咐他们：眼下，先忘掉矛盾和争执，要以齐心协力出演剧目为重，其他的什么都不多说。回头，我会专门找个时间处理此事的。

17:20 到了。我们一班第一个上场演出。这些孩子，演得还真不错。尤其是正和波这两个男孩子，平时都是沉默寡言、内向听话的孩子，在舞台上，却大方得体，演得像模像样的，挺放得开。我忙活着给他们录像、拍剧照，往家长微信群里一发，就赢得了家长们的一片喝彩声。呵呵！

演出结束，已经是 19:05 了。

19:30，回到了家里。我换掉鞋子和衣服，一头倒在沙发上，一句话也不想说，一动也不想动。只有大脑还在转动：我该在哪个时间，用什么样的方式处理那些演校园剧的同学之间的矛盾呢？

老师，她骂我

午读时间，我跨进教室门，还未站稳脚跟，女生溪就出现在我面前："老师，我想给你说件事。"那急切的表情告诉我，她是一直在翘首等待我到来的。

"走，去外面说。"我带溪疾步来到教室外面。

只见她神情黯然，两颊发红，像是刚刚大哭过一场。眼眶里还有极力压制的泪水。

"怎么回事？"我看着她，关切地问道。

"老师，你听！"她点开微信，手机里马上传来一个女孩子的声音："……你说啥意思？！ 有病吧你！ ……"冰冷而凌厉的语气，令人心里一揪。

"这是欣在骂我。她还骂了我不少难听话，我实在听不下去，都删掉了……"溪终于控制不住了，泪珠滚滚而下。

原来，溪和欣、珈、婧、鹏等九名学生下午参加校园剧演出比赛，需要租用演出服装。在挑选服装的过程中，几个人因意见不合发生了争执。争执中，为人热心、快人快语的溪被欣她们孤立起来，溪就赌气一个人先回来了。

发生在孩子们之间的矛盾,往往是双方均有责任而没有绝对的孰是孰非。我想,此时不能仅听溪的一面之词,也不能马上过问这件事,因为下午 17:20 演出比赛就要开始了。不能冲淡主题,以至于影响这帮本来热情高涨、已经为排练付出不少时间和精力的孩子演出剧目的情绪。

我安慰溪:"欣这样骂人,的确是她不对,这件事情我一定会查清楚是非对错的,但不是在今天,今天我们要把演出放在第一位。老师知道你是个好孩子,平静下来,咱们先顺顺利利地把剧目演完,然后再说,好吗?一定不要再生气了,生气是犯傻呢,那是拿别人的错误惩罚自己啊。"溪眼眶红红的看着我,然后听话地点点头,擦干眼泪回班了。

不久,租服装的另外几个学生满头大汗地回来了。一见我,他们就七嘴八舌:"老师,今天溪做得很不像话……"我做出一无所知的样子,耐心听他们讲述事情的经过。

他们的讲述证明:发生这次争执,责任的确在于双方。这更坚定了我之前的想法:目前最好的处理方式就是先放一放,冷一冷。

我叮嘱他们:眼下最重要的是下午的演出比赛,其他的一切都必须放下或者往后放。目前,一定要忘掉矛盾和争执,以齐心协力演好剧目为重,其他的什么都不能说。回头,我会专门找个时间妥善处理此事的。

剧目演出很成功。舞台上,孩子们都很放得开,演得很投入,获得了全年级师生的热烈掌声。我长舒了一口气。

第二天,我悄悄地问溪:"现在你们几个的关系怎么样?"溪告诉我,她和珈、婧等人的关系缓和了很多,只是同曾经骂过她的欣还有很深的隔阂。

是时候该处理她们的矛盾了。趁着午读时间,我把这九位学生叫出教室。

"昨天的校园剧,大家演得真不错!"我一边说一边拿出用手机录拍的视频给他们看,边看边点评每个人表演的精彩处和令人捧腹处。

顿时,孩子们和我笑作一团,气氛一下子活跃起来。

过了一会儿,在笑声中,我告诉他们:"昨天听你们几个说,去租演出服装的时候发生了点不愉快。我今天把大家叫出来,就是想让大家在一起开诚布公地说说这件事,好让每个人都解开心里的结。"

都忸怩着不说话。我指定珈:"你是班干部,你先说。"

"嗯……我觉得吧,大家都有做得不好的地方。我们去租服装的人本来已经够多了,可是溪又非要带上跟演节目没关系的琪和枫两位同学。我们大家不让她带,她不听,这让我们觉得很别扭。另外,琪和枫两个人也没跟老师您请假,万一迟到了,她们两个该怎么向您交代呢?不过,我们几个做得也不好,不该合伙儿跟溪吵架……"

"不愧是班干部,分析得很是全面、辩证!"我向珈投去了赞许的目光。"我明白了,珈她们几个其实是好意呢,是对琪和枫两位同学负责。溪,你明白她们的想法了吗?"我把目光转向溪,她不好意思地点点头:"明白了。"

"你来说说你现在的想法。"我示意溪。

"我明白自己做得不对的地方了。可是,我还是觉得,欣不应该那样骂我……"说着,溪的眼圈又红了。

听了溪的话,欣稍稍地白了她一眼,似乎还有点不服气。

欣的确是有点问题,看来我该稍稍敲一下她了:"欣,我听到你在微信里骂溪的话了。你知道我听到你的声音时是什么感受吗?揪心,心里寒呐!俗语说得好,良言一句三冬暖……"

"恶语伤人六月寒!"几个男生脱口而出。

"对啊,欣,你的那些话太伤人了,我简直不敢相信那是从你口里说出来的——你平时在我面前那么乖,那么文明,怎么会骂出这样尖刻的话？要知道，现在的社会是一个合作的社会，将来你走上工作岗位，是要跟大家合作共事的。如果动不动就这样恶语伤人，谁还肯跟你合作？这样你怎么发展好自己？一定要改正！"我看着欣，她若有所思地点点头："嗯。"在场的人也都纷纷点头。

"不过，溪，你也要注意一点。当你与别人合作共处的时候，如果绝大多数人都不赞同你的做法，你就应当考虑大家的意见了。比如昨天，大家不同意你带另外两个同学是有道理的，你就不应该再那么做了。可是，你却一意孤行，于是导致了大家的反感。一定要记住这次的教训。"我把目光转向溪，语重心长。溪目不转睛地看着我，不住点头。

看看差不多了，我笑着向那几个男孩子说："你们可以算是这件事情的亲历者和旁观者了，发表一下自己的看法吧。"

"这件事吧，大家都有错。不过也不是什么大事，过去就算了。"这些男孩子一副大大咧咧的口气。

"对，我最喜欢这样的性格了！不管发生什么矛盾，打也好，闹也好，过去就没事了，这样的人才能有大出息呢。小肚鸡肠、叽叽歪歪的人注定成不了大气候。女孩子们，这一点，你们一定得向男生学习啊。"

"嗯，嗯。"几个女孩子笑着，纷纷点头。

"我看明白了，其实你们彼此之间都是好意，目的都是为了更好地参加比赛，只是没有沟通好罢了。现在，大家心里的结都解开了，所有的矛盾都化解了，那么这件事情就到此为止，以后谁都不许再提了。大家要继续高高兴兴、和和睦睦地相处，好不好？"

"好！"他们异口同声，脸上都是阳光般灿烂的笑容。

我的心里，也是阳光般灿烂。

手机风波

因为周六、周日要到外地进行一个培训，周五下午，我提前离开了学校奔赴外地。

晚上七点，刚刚到达目的地，手机响了，是数学老师的电话。数学老师是位经验丰富的老师，平时与学生们相处得很融洽，今天下午有他的辅导课。

难道，会有什么事情发生？我接通了电话。

"李老师，你们班的江上课不好好听讲，一个劲玩手机，我就没收了他的手机。下课后，他问我要，我没给他。我说，要把手机交给你来处理。他马上就变脸了，吼叫着冲上讲台，看那凶神恶煞的样子，简直想要打我！这孩子，以后我是没法管他了……"

电话里都能听出来，已经年届五旬的数学老师被气得不轻，声音有些发抖。

我连忙安慰他："王老师，别生气，千万别因为学生的错误和不懂事气坏了自己。江这个孩子，平时就特别冲动，何况，手机又是他的命根子。你这一说，我就能想象出他手机被没收时那个歇斯底里的样子。你放心，我绝对不允许咱们班里发生欺师、辱师的事件！这样，王老师，这件事的后续处理包在我身上了。你赶紧放下这件事,轻轻松松、开开心心过周末。到了周一,把他的手机给我,剩下的,你就静候佳音吧。咱们这些马上知天命的人,啥样的学生没见过? 还能被这毛头小屁孩破坏了心情吗?"

经我这么一开导,数学老师的心情好了不少:"谢谢李老师,谢谢! 给你添麻烦了。"

刚挂断电话,微信响了,是两个学生不约而同地给我发的消息:"老师,下午的数学课上,江把老师气坏了……""江数学课上玩手机,被老师没收了……"

我陷入了沉思。

这个江,平时嗜手机游戏如性命,在家里经常因此跟父母冲突不断,每次,都是以父母向他妥协而告终。自从上了初中,在我倡导读书的影响下,他也逐渐对读书有了一定的兴趣,时不时还会兴致勃勃地与我探讨某些书本中的内容。怎奈,玩游戏的嗜好在他那里已经是根深蒂固了,时不时地他会因抵制不住诱惑而"旧病复发",重新沉迷其中。估计,今天下午他是看我不在学校,就肆意妄为起来了。

事不宜迟,要立即联系江,让他感受到我对这个事件的重视程度,也好给数学老师一个交代。

我拨通了江爸爸的电话,要求江本人接听。

"李老师好,我是江。"

"你好,江。你在家里干啥呢?"我心平气和。

"哦,老师,我在做数学作业呢,不会的地方就让我爸爸辅导我。"此时的江,显得出奇的乖巧。

"嗬! 真不错啊,得提出表扬! 有件事情我想跟你核实一下,今天下午的数学课上,你是不是和数学老师发生了不愉快?"

"嗯……是的……"江开始咕咕哝哝地闪烁其词了。

"放心吧，江，别跟我'打游击'，我打电话可不是向你兴师问罪的。我只是想了解清楚事情的经过，然后看看怎么才能帮你解决和数学老师之间的冲突才好。万一你把数学老师惹恼了，以后他再也不理你、不管你了怎么办？你把具体经过给我讲述一下。"我语气中透着调侃和轻松。

"嗯……就是……我上课不是犯浑玩手机嘛，数学老师没收了我的手机……不过，现在我知道自己错了，不应该那样对数学老师……"从江吞吞吐吐、避重就轻的表达里，我听出了他的心虚和真诚——他已经意识到自己闯祸了。我心里一亮。

"嗯，说得好！你的确是犯浑了。老实交代，是不是看我下午不在班里，你就无所顾忌起来了？"我半开玩笑地说。

"嗯……有点儿吧。"

"江，这回你可打错主意了！我虽说人不在班里，眼睛可没离开过咱班呐。以后，不管我在不在班，你都知道该怎么做了吧？"我开始"自吹自擂"了。

"知道了，知道了。"江连声殷勤地答应。

"那你知不知道，数学老师被你的野蛮行为气坏了？数学老师比你爸的年龄都大呢，课教得好，人又那么好，你怎么能那么对待他呢？"我平静的语气里透出责备。

"是的，老师，我知道自己错了。可是，现在后悔也晚了。唉！"江有些沮丧。

"一点都不晚！数学老师既是你的老师，也是你的长辈，只要你诚恳地向他承认错误、表达歉意，他肯定会原谅你的冲动和犯浑的。还有，班里不少同学告诉我，他们对你今天下午的行为也很反感呢。我担心，如果这件事情处理不好，会影响你在班里的威信，影响数学老师对咱们班的感情，甚至会影响到咱们班的数学成绩……"

"老师，那你说我该怎么办？"江有些着急地打断了我的话。

"你认为呢?"我反问道。

"嗯……我先把数学作业认真完成,再写一份检查,到周一的时候交给数学老师,然后,我在全班同学面前给数学老师道歉。"

"你的想法很好嘛!这样,待会儿你就给数学老师打电话,好好道个歉,让他看到你的诚意,这样他会更快地原谅你。你认真地把检查写好,周一准时交给数学老师,我再在课堂上替你向大家解释一下,这样就不用你在全班同学面前公开道歉了,也好保全你那点小面子。你觉得怎么样?"

"好的,老师,我一定按照您说的办。"不知不觉间,江开始用"您"了,呵呵。

"这就对了嘛!听为师的话,不会有错的。好了,开始行动吧。"我挂断了电话。

不久,数学老师又给我打来了电话:"李老师,你放心吧,江已经给我打电话承认错误了,态度很诚恳。真是不好意思,为了这件事周末还要打搅你,让你费心。"

"没什么,王老师。这件事你告诉我是对的,好让我及时处理,我是坚决不允许自己班的学生不尊重任课老师的!江说了,他今天先给你打电话承认错误,然后还要认真完成数学作业,再写一份检查,到周一并交给你,公开给你道歉呢。"

数学老师连声道谢。

到了周一,一切都是按照预定计划进行的。江的手机由我来保管,还给他的时间,由他在数学课上的表现和完成作业的情况来决定。

欣慰之余,我心里十分感慨:是啊,冲动往往是青少年的行为特征之一,如果有技巧地对其加以恰当的引导,使之及时认识并纠正自己的错误,不仅有助于他的成长,也会有利于缓和师生间剑拔弩张的关系,使师生关系朝良性的方向发展。

除"病"根

我终于找到婷的学习成绩一直徘徊不前的"病"根了!

婷这个女孩子,刚上初中时给我留下的印象并不好。记得那是我第一次走进教室见到他们的时候,她就不管不顾、大大咧咧地高声问我:"老师,咱们这个班是重点班还是普通班?"一双大眼睛里流露出的也是缺乏管束的肆无忌惮。

我反问她:"你根据自己的情况看看,你该进重点班还是普通班呢?"

此后,我就发现,这个女孩子果然毛病不少:热衷于传播小道消息、跟同学闹矛盾、不好好学习、跟家长关系紧张……

放暑假前的家长会结束之后,我特意约婷和她的妈妈进行了一次长谈。因为婷多次跟我说,她跟妈妈的关系十分紧张,妈妈对她不好。

这次开诚布公的长谈,使得婷和她的妈妈都看到了自身的缺点和不足。最后,两人均表示:以后一定注意改正。

我没想到,暑假即将结束,快要开学的时候,婷给我发了一条又一条的微信,每条微信里都有惊喜。

她告诉我:暑假里,她和妈妈相处得十分融洽;她的作息安排也很有规律;她不仅认真完成了各项暑假作业,还按照我的指导读了一些好书。

她说,她现在就等着开学了,开学后一定要好好学习,争取每次考试都有大进步,争取考上一所好高中……

这真是个令人振奋的好消息!因为婷的微信,我甚至都有点盼望早点开学了呢。

开学后的婷,果然像变了个人似的:上课用心听讲、积极回答问题,下课认真完成作业。其他任课老师都纷纷向我表扬她:咱班的婷现在跟以前真是判若两人,表现特别好!

我心里也甜滋滋的,不仅多次在班里公开表扬婷,还预言:"如果婷能一直保持这样的好状态,将来她的成绩一定会有大幅度的提升。"

在不久后的考试中,婷果然有了进步,尽管进步并不大。我安慰她:"没关系的,婷,我们继续努力!你以前的基础并不是太好,所以进步幅度不是特别大。只要你坚持这样用心学习,一定会有大进步的。"

在之后的时间里,婷果然一直表现得挺好。果然,在一次年级统考中,她取得了极大的进步。她喜滋滋地告诉我:"老师,因为我这次进步特别大,爸妈要重重地奖励我!"我由衷地为她高兴:"好样的。就这样坚持下去,你的成绩一定会再提高,你会不断地给我和你爸妈带来惊喜!"

但是,令人意想不到的是,之后,婷的成绩却再没有什么起色了,甚至有时还会倒退一些。可是从她的表现来看,是没什么问题的呀。问题到底出现在哪里呢?也许还是同她的基础有关系?

百思不得其解,我安慰她:"别灰心,成绩出现点反复也正常。先找各个任课老师帮你好好分析一下卷子,看看都是在哪方面失的分。以后把心态放平,不要再想进步不进步的事,只要你能坚持用心学习就好了。"

虽然我嘴上那么说,但我心里很清楚,依照婷目前的成绩来看,如果不继续进步,考高中是没多少希望的。

　　说话间,就到了寒假。紧跟着又到了因疫情而网上授课的时间。所有的任课老师都给我反映,这期间,婷是班里表现最好的学生:每天坚持上网课,及时交作业,作业写得最认真。的确,看她在语文方面的表现,我也这么认为。

　　"等着看吧,将来开学后,这小姑娘的成绩一定会有一个大的飞跃!"我信心十足。

　　终于等到了疫情后的复学。复学不久,年级里就进行了一次统考,出乎意料的是,与放寒假前相比,婷的成绩依然没有什么起色。

　　太反常了。

　　多年来的从教经验告诉我:只要一个学生的智力正常,如果真正用功、真正付出了,他的成绩一定会进步。像婷这种情况,是不正常的。

　　虽然我依然鼓励婷要对自己充满信心,但心里开始犯起了嘀咕:"不应该呀,按照婷的表现,她应该有大进步的。为什么会这样?"

　　一天,女生薇找到我说:"老师,我想打婷……"

　　"为什么?"

　　"她看不起我,不仅老是讽刺我学习成绩不好,还怂恿欣和佳,不让她们跟我玩。"

　　我知道,薇和婷是小学同学,她俩的关系一直都不好。可是,眼看离毕业只有不足三个月的时间了,应该把精力全部放在学习上了,婷怎么还会有这样的心思?

　　我去找婷谈心。谈到这件事,她并没有否认。同时她也表示,以后不会再这样了,一定会把心放在学习上。

　　之后没几天的一次课间,我看见婷在校园里依然紧跟着佳和欣,旁边还有和她闹矛盾的薇。

　　突然间,我就明白了婷的"病"根在哪里。

　　她的心太不沉静。她既想把成绩搞好,还想多交几个朋友,同时还忍不住会犯以前那个爱掺和闲事的毛病。所以,从某种程度上来说,婷有时候的所谓用心学习只是一种表面现象,其实她的内心一直有波澜在起伏动荡,种种杂念都在干扰她的学习。再加上本来她的学习基础就不够好,怎么会有不断的进步?

　　既然"病"根找到了,那就该对症下药了。

　　我当即找到婷:"婷,我终于知道你成绩不能取得真正进步的原因了。"

　　婷有点吃惊地望着我。

　　我把我的看法全都告诉了她之后,我问她:"关于我的观点,你怎么看?"

　　婷低下了头:"嗯,是这样的。"

　　"婷,现在离考试只有两个月时间了,时不我待啊。你慎重考虑一下,然后如实回答我:你是要选择保持老样子,还是要争取真正的进步?"

　　"把心静下来,争取进步。"婷的眼睛里含着泪水。

　　"那好! 如果真心选择后者的话,从现在开始,按照我说的去做。彻底去掉你心不静、爱掺和闲事的'病'根,抛弃种种私心杂念。不要再胡思乱想,不要再搞那些虚头巴脑的东西,全身心地投入学习中去,让中招成绩为你作证。记住,成绩会说话!"

　　此后的婷,看起来是真的全身心投入学习中去了:一进教室就埋头读书、写题,课间也不再跟着其他人跑了。

　　中招考试很快来临,不久,成绩出来了,婷的成绩刚好够上一所市级示范性高中。她十分振奋,她的妈妈也高兴得不行。

　　我也很高兴,为自己能找到婷的"病"根并且及时除掉了她的"病"根而高兴!

懵懂顽童的烦恼

早读马上就要结束了,峰还没有到班。

这孩子,单纯善良而且聪明,跟我十分亲近。每次看见我,他都会凑过来,用那双黑黑大大的眼睛,带着调皮又稍稍有点憨憨的光,看着我笑。只是,他特别散漫贪玩、爱吃零食、不爱学习、做事拖拉。我曾经多次试图帮他改正毛病,可是,仔细想想,帮了他快三年,如今眼看都快初中毕业了,他也仅仅只是改掉了爱吃零食的毛病而已。

峰没有来,家长也没有给他请假,是怎么回事?难不成又是他爸妈去上班了,剩他一个人在家里酣睡?"这个峰,又没来,是怎么回事?"望着他空着的座位,我自言自语。

"昨天晚上他妈妈肯定又'毒打'他了,我在楼下都能听见他的哭喊声。"豪在一旁说。

"他肯定还在家睡懒觉!""对,对,他晚上老是玩手机玩到很晚。"一旁的几个男生也七嘴八舌揭发他。

"他晚上一直玩手机,他爸妈就不管他吗?"我问豪。他与峰住一个小区。

豪笑了:"他自己住一个房间,可以随意在房间里干任何事情,他爸妈根本不会去他房间里看一眼。他们都是各自看电视或者玩手机,谁也不管谁。"

我给他的妈妈发去了微信,问峰为什么不来上学。

"李老师,最近不让峰去上学了!他每天放学都是玩到8点才回家,回到家里第一件事就是玩游戏!昨天晚上他一直玩游戏,到12点了还玩。我让他赶快休息,可是不管怎么说他都不听。我一生气,狠狠打了他一顿,收了他的手机。他就跟我赌气,早上不管怎么喊都不起床……就让他爸回来跟他沟通吧,我跟他沟通不了。"峰的爸爸是一位货车司机,经常在外地。

能看得出来,峰的妈妈还在气头上。

我沉吟了一下,给她回复:"要不这样吧,下午你让他来学校,我和他谈谈。"

"太感谢了,李老师!明天一早我再让他去学校吧,这会儿我和他爸都不在家,通知不到他。我和他爸都没有多少文化,不会教育孩子。现在孩子一叛逆,我们更不知道怎么管了。不过他很听你的话,经常在我们面前提到你,说你对他特别好。我能看出来,峰特别崇拜你。"她发来个双手合十的表情图。

刚要放下手机,我忽然想到,峰今天的健康打卡还没有完成,就让峰的妈妈催促孩子赶快打卡。

"我不会打,孩子会。可是我把他的手机拿到我店里了,离家很远,我晚上才回家。"她回复道。

"哦,那我教你打卡吧。要尽快打,要不然,校医会在学校班主任群里点名批评我们班的。"我说。

"可是,他的手机设了密码,我打不开。"

唉,真是的!"能让他爸打吗?"我追问道。

"他爸好像没有下载钉钉。"

"那你现在就下载个钉钉,我教你怎么打卡。"

等她下载好了,我发给她一个"停课不停学申请表",邀请她加入我们班钉钉群。我想,她比我年轻,之后的步骤她应该会操作了。

可是,她还是不会。任我怎么发语音、截屏、在截屏上圈划、示意,她还是学不会。半天过后,她气馁了:"算了吧,我晚上回去后,让峰告诉我怎么打吧。谢谢李老师了。"

唉,白白浪费了这么多时间!我本来还打算趁这会儿没课,批改学生们的作文呢,也被耽误了——下班的时间到了。

晚上,快11点的时候,我忽然想起来钉钉健康打卡的事,打开页面一看,峰还是没打!我有点咬牙切齿地给他妈妈发微信:"峰怎么还没打卡啊?"

"他的手机我忘了带回来,忘在店里了。"峰的妈妈倒是显得云淡风轻。

我的天,我简直要崩溃了!

第二天,峰来学校了。

我把他叫到教室外面,打算好好跟他谈谈。仔细看他的表情,与原来大不一样的是,他眼睛里原来那种单纯而调皮的笑没有了。取而代之的,是一丝愁云,一丝无奈,还有一丝不知所措。

我心里生出些怜意:"前天晚上被你妈妈打了?"

"嗯。"峰看看我,又迅速挪开了目光。

"你妈妈是干什么工作的?"我转移开话题。

"我妈开了个卖化妆品的店。"他老老实实回答。

"哦,那她够忙也够辛苦的。昨天是你做得太过分,惹你妈妈生气了,她才打你的吧?"

"也是,也不是。"

"为什么?"我顿生疑问。

　　"她老是和我爸吵架！前天我爸从外地出差回来，他俩又吵架了。因为我爸想拿他们攒的钱在老家盖房子，我妈不同意，她想在郑州买房子。"

　　"你的老家不在郑州？你们在郑州没有房子？"我感觉有点意外。

　　"嗯，我们老家在信阳农村。我们在郑州是租人家的房子。"

　　"你爸妈都是什么学历？"我又问。

　　"好像，都是初中毕业吧。"

　　哦，想想他爸妈之前的种种表现，我有些明白了。

　　我想起了峰的爸爸以前在我面前的言行：一给他说峰的纪律不好，他就连声应承"好的，好的，老师，我回家一定教育他"；一给他说峰不交作业，他总是满口答应"放心吧老师，他回家后我催他写"……可是，之后峰的表现还是依然故我，并没有丝毫改进。现在想想，这应该大多是敷衍啊。

　　很显然，这一对文化程度不高的农村夫妻来到城市，想打拼出一片自己的天地。为了生存和立足，两个人都拼命挣钱。可是，他们既不懂得怎么管教孩子，也忽略了对孩子的管教。到如今，他们自己没能发展好，夫妻两人的关系还不够融洽，孩子也没教育好。也许是看自己一直不能在城市站稳脚跟，丈夫就想回老家，但妻子不想，于是就产生了分歧，出现了矛盾……

　　"峰，你肯定不喜欢你爸妈目前的生活状态。可是，你想过吗？当初，学历不高的他们敢带你从农村来到郑州打拼，肯定也是对生活满怀热情和憧憬的。如今他们为什么过得不够好，经常吵架？"

　　峰摇摇头。

　　"我认为，他们读书少、文化程度不够是主要原因。你想过没有，现在的你每天贪玩手机，不肯学习，充其量将来也是个初中毕业生，跟他们的学历一样！也许，他们如今的生活状态就是你将来的生活状态。你愿意过这样的生活吗?"

"不愿意。"峰脱口而出,眼睛里闪过一丝忧虑。

"那你考虑过自己的前途吗?如果以前没有考虑过,现在该考虑了!马上要毕业了,毕业之后,你打算何去何从?"

峰一脸迷茫地望着我,摇摇头。

"这样吧,你先好好考虑一下,回家后也和你的爸妈郑重地商量商量。有什么新的想法了,回头你再找我聊。"

"好。"峰答应着,低着头回班了,再不像往常那样一蹦三跳的。

望着他的背影,我心想,峰,你是不能再浑浑噩噩地混日子了,你的心里,也该有烦恼了。你,该成长了。

第二天,峰的妈妈给我发来了微信:"李老师,昨天峰回家后没有再玩手机,他主动和我们商量初中毕业后该怎么办。我们想着,他反正也考不上高中,就让他上个中专技校什么的,学个一技之长吧。你跟他一谈话,他昨天表现得挺懂事的。谢谢你啊,老师。"

我回复她:"峰这个孩子,我很喜欢他!他善良、聪明、可爱,就是幼稚、单纯、贪玩,不知道学习。不过,孩子的成长和父母的管教是密不可分的。他之所以成为今天这个样子,主要和你们只顾忙工作而忽略了对他的管教有关系。以后别再轻易动手打他了,有什么事情,一家人坐下来好好说,好好商量,效果就会好很多。"

"好的,好的,老师。我们一定听你的。"峰的妈妈发来个双手合十的表情。

不管怎样,但愿峰不再懵懂无知,但愿马上就要毕业的他,将来上了中专学校,好好学得一技之长,然后凭借自己的双手和劳动,有个美好的人生。

但愿懵懂顽童今日的烦恼,能变成他成长的契机和动力。

老师，我想和你谈谈心

早上，因为时间尚早，早读还未开始。班里的学生显得有些零零落落，陆续有人背着书包走进教室。

枫走到我跟前，稍显忸怩地对我说："老师，我想和你谈谈心，你这会儿有时间没有？"

嘿！这可是以前从来没有的。这个无比泼辣调皮、让人头疼、"人见人嫌，花见花衰"的野丫头，平时都是只有我主动叫她、教训她、告诫她的份儿，今天她倒主动找上门来，一本正经地要和我谈心。

"好啊，欢迎来找我谈心！"我一边打趣，一边和她走出教室，到了外面的走廊上——这是我和学生聊天的"根据地"。

一到外面，她倒是开门见山、条理清晰："老师，我想和你谈两个方面。一个是学习方面的，一个是感情方面的。"

"小屁孩儿！乳臭未干，还想跟我谈什么'感情'。"我带出一副不屑、好笑的神情。

"真的，老师，我跟你说的是真心话。"枫有点着急。

不等我答话，她就开始了竹筒倒豆子："我有时候也想好好学习，特别是每次开学前的那段时间,我总是下定决心要好好学习的。可是,往往在开学后坚持不了多长时间,我就无论如何都不想学习了——"

说到这里,她望着我,脸上带着平时少有的一本正经。

"不想学习的时候,你想干什么?都干了些什么坏事?"我半开玩笑。

"我……就光想谈男朋友的事。想着怎么和他出去玩,去哪儿玩。如果是分手了,我就想他为啥跟我分手……"

你能想象出来吗?一个十二三岁的小女孩跟你大谈特谈她谈男朋友的事!尽管心里有点惊讶,但我竭力让自己表面上不要起一点波澜。

"好啦,好啦,你这个傻妞啊,可真是傻到底了!叫我说你什么好呢?你这个年龄,本来正应该是无忧无虑、无比单纯、依偎在爸妈怀里撒娇的时候,正是用心学习、读书上进的好时候,你却把最美好的年华浪费在这样荒唐可笑的事情上!我知道你平时好跟一些男生瞎掺和、瞎交往。在你看来,那就叫谈朋友?"

"嗯。"枫目不转睛地看着我,毫不迟疑地点点头。

"哼,那叫瞎胡闹!你说说看,你谈了那么多所谓的什么'男朋友',最终的结局是什么?"

"都是分手。"枫嘟哝道。

"每次是谁主动提出分手的?"我追问。

"都是他们提出来跟我分的。有一个,他和我分手、和好总共七次,最后还是和我分了……"她毫不讳言。

"你这个傻妞啊!尽管你们这只是相当于玩游戏,可是你有没有想过,就在这个荒唐无聊的游戏中,你做人的尊严早早地就被践踏掉了?你有没有想过,你接触的都是些什么样的人?他们值不值得你浪费青春和感情?跟他们胡闹过之后,你快乐吗?幸福吗?你这样无休止地胡闹,到底想求得什么样的结果？求将来长大了一事无成？求留下话柄被人耻笑？求最终落得个可悲的人生？"我简直有些咬牙切齿了。

"我也常常觉得没意思，也知道他们都是些渣男……"

"对啊！知道他们是渣男，你怎么还不收手？再不收手你会把自己害死啊！等到你真正该谈婚论嫁的时候，如果人家男方了解到你初中的时候就这么瞎胡闹，人家还会愿意跟你结婚吗？还会看得起你吗？"我既严厉又推心置腹。

"可是，我就是不想学习，就是管不了自己。"枫怔怔地看着我。

"是啊，一个人的精力就只有那么多。你在歪门邪道的事上放的精力多了，自然就不想学习了；相反，如果你把精力放在读书学习上，你自然就不想去做那些歪门邪道的事情了。你不想学习就是因为你把精力都花在了这些荒唐无聊的事情上！还有，一个人要想有所作为，必须要有自制力、自控力，时刻能够阻止自己去做不该做的事情，迫使自己去做应该做的事情。这就需要你时刻提醒自己，要有意志力，完全靠外力是不行的。"我的语气缓和下来。

枫一声不吭地望着远处，若有所思的样子。

"你能主动来找我，把心里话告诉我，说明你已经开始意识到自己以往的所作所为是错误的，是荒唐的，这就是一个大进步。下一步，我建议你：第一，无聊时就读点故事性比较强的书，比如一些文学经典作品；第二，要时刻控制自己去想去做荒唐无聊事情的念头，强迫自己把精力转移到学习上。"

"嗯。"枫怔怔地望着我，缓缓地点点头，回教室了。

望着她那孩子气的背影，我既欣慰又担忧：枫主动来找我谈心，主动给我坦白这么多，可见她内心深处的迷茫和无助，她很希望我能够给她破解迷津,指引方向。作为她的班主任、她信任的人,我就要倾听她的心声,指出她的问题症结所在,告诉她解决的办法——既做她的老师,还要承担起家长、朋友的角色,给她指引正确的人生道路。可是,我深深了解,由于家庭等多种因素的影响,枫的内心一直缺乏安全感和归属感,对于这些,我却又无可奈何。

我不知道,我能把枫教化成我理想中的那种文明懂事、积极向上的样子吗?

老师，我爸妈总不舍得换口罩

周四晚上，学生攀给我发来微信："老师，我想给您说件事。我爸妈总是舍不得更换他们的一次性口罩。他们一出门就是一天，口罩都戴了一天了还不换。我让他们换，他们又不肯听我的建议。疫情这么严重，我该怎么办？"

然后，是三个表示大哭和流汗的表情。隔着屏幕，就能感受到他的焦急和无奈。

攀一直是个让我既同情又喜欢的孩子。他的父母都是聋哑人，没有固定工作，每天早出晚归的，靠在外做个小生意维持一家人的生计。所幸的是，攀不仅各方面都很正常，而且淳朴善良，正直懂事，为人极好，学习上也比较用心，颇得老师和同学的喜欢。更令人欣慰的是，每一次，攀的爸爸到学校开家长会，攀一见到爸爸，就欢欢喜喜拉住他的胳膊，父子俩十分亲热地依偎在一起。每一次，攀的爸爸比比划划地想要跟我交流时，攀都会脸上带着明亮的笑容给我当"翻译"——那纯净的笑特别动人。

从攀的爸爸每次都积极参加家长会，以及同我交流时那执着的眼神里，我深切感受到了：儿子攀在他心里，就是所有，就是一切。

因此，我总是想给予攀更多的关心、帮助和激励。

我给攀发过去《人民日报》公众号上的一篇文章《把使用过的口罩放大 1000 倍,才发现……》。文中直观明了地说把使用过的口罩放大 1000 倍,可以看到口罩纤维上附着的颗粒以及正在口罩上面移动的细菌。

我告诉他:"把这个给你爸妈看看。"

不久,攀又给我发微信了:"老师,我给爸妈看这个文章了。可是他俩说,他们是在室外工作的,应该没什么问题,还是不舍得勤换。"

沉吟了一会儿,我给攀发过去一段话:"尽管你爸妈的做法不妥当,但是我看出来了,他们是勤劳又节俭的好家长!这样吧,一方面你告诉他们,万一因为戴口罩不当得了病,会花掉能买好多口罩的钱。另一方面,你让他们把当天戴过的口罩挂到阳台上特别是能见阳光的地方,晾晒几天之后再用。"

过了一会儿,攀又给我发来微信:"谢谢老师的建议,这次我爸妈接受了我的意见。"紧跟着,是一个可爱的笑脸图标。

第二天,我决定和攀聊一聊。

攀规规矩矩地站在我面前,用一双纯净黑亮的眼睛望着我。

"攀,昨天晚上你给我发微信,让我很感动。为你的懂事,为你爸妈的节俭……"

攀的脸上露出了不解的样子。

"你担心爸妈的健康,并且很耐心地和他们沟通,真是个懂事的好孩子!老师特别欣赏你这一点。同时我又感受到你爸妈生活得不容易:他们俩工作很辛苦,可是经济上并不宽裕。但让我感动的是,他们那么爱你。你看他们自己不舍得勤换口罩,却给你准备了足够的口罩和那么一大瓶洗手液带到学校。还有,他们俩的生活肯定比正常的人艰难,但是他们却把你培养得这样健康、阳光,又有着良好的教养。他们很了不起!"

说着,我向他伸出大拇指。

攀笑了,那笑容是自豪和开心的。

"我还能感受到,你就是你爸妈的全部,是他们的希望。你有没有想过,将来用自己的力量改善爸妈的生活状况?"

"有!"攀脱口而出。

"好样的! 你有没有想过,你凭什么来改善?"

"凭自己的能力!"攀看着我,眼神是坚定的。

"好! 你怎样做才能具备这样的能力?"我欣喜地追问。

"好好学习!"攀的回答,简洁中透着决心。

"好!"我又一次对他伸出大拇指,"好好学习,攀。争取将来成为一个有用的人才,既为社会做贡献,又能改善家里的状况,让你的爸妈因为你而自豪。"

望着攀回教室的背影,我想:好孩子,愿你的家庭状况给予你向上的动力;愿未来的你,成为国家的建设者、家庭的有力栋梁。

好孩子，要挺住啊

距离中招考试只有两天时间了。学生们都已经离校回家休整，准备以最佳的精神状态迎接考试。

"李老师，打扰了。我不知道我现在该怎么办，想问问您。"上午十点多时，学生薇给我发来微信。

嗯？我赶忙回复她："怎么回事？你给我说说。"

"我奶奶今天早上去世了！我特别想哭，想给人倾诉。可是，又要中招考试了，我真不知道该咋办才好。"

什么?!

我的心情也不再平静。

薇是个可怜的孩子。在她很小的时候，她的爸妈离异了，她是在爷爷奶奶的抚养下长大的。薇的奶奶，是个慈眉善目的老人家，六七十岁的样子。记得第一次开家长会的时候，老人家就拉着我的手把薇的情况全盘告诉了我。自那以后，我就对薇格外关注。

七、八年级时，老人还总是来给薇开家长会。每次开完家长会，我都会和她聊一聊，然后嘱咐一旁的薇要听爷爷奶奶的话，要对爷爷奶奶好，再让她小心搀扶着奶奶下楼。

可是,到了九年级,开家长会就见不到薇的奶奶了。我问薇是怎么回事,她说,奶奶和爷爷都生病了,两位老人在轮流住院——这个出院,那个住院;那个住院,这个出院……

我当时就叮嘱薇:回到家一定好好照顾两位老人,一定代我问候他们,祝他们早日康复。

……

唉,如今眼看着薇就要长大,尤其是在她临近中考这个节骨眼儿上,一生辛苦操劳的老人家就这么撒手人寰了,真是可叹可痛。

我给薇发去一个大哭的表情。

"这两天,你想哭就哭出来吧,但考试还是要参加的。你奶奶那么疼爱你,关心你的学习,她如果在世,肯定会特别支持你去好好参加考试的。"既然薇想给我倾诉,我就得好好地对她进行一下疏导。

"我的眼睛已经哭肿了。但是在家不能哭,因为我爷爷还不知道这个事。哭完了,我到爷爷面前还要装作若无其事的样子。"

"真是个懂事的好孩子!"我发去三个抱抱的表情,"慢慢地,还是要让你爷爷知道的吧?"

"是的,没办法一直瞒着。家里人说,只能慢慢地告诉他。"

"对,是应该这样。薇,这件事情是我们谁都不愿意发生的,可是,也是我们谁也无法把控的。所以,好孩子,你一定要挺住啊。"紧接着,我又问她,"伤心的同时,你也要想明白,爷爷奶奶那么疼爱你,含辛茹苦地把你养大,他们对你最大的期望是什么?"

"嗯,我知道,他们想让我好好学习,长大了有出息。可是,我奶奶把我从小照顾到大,现在,猛一离开她,我实在接受不了这个现实。"

听了薇的话我的眼泪涌出了眼眶:"这恰恰说明,你是个孝顺懂事的好孩子啊!"

"想想以前的我真傻,总是嫌奶奶唠叨我。奶奶在世的时候,不知道为啥,她一吵我,我就想和她顶嘴。我烦她,不想理她。到如今,我才后悔莫及。"看起来,孩子非要经历一些什么才能长大啊。

"原来你是年龄小、还不懂事,你现在的这些反应和表现正好说明你长大了呢。如果奶奶知道你的这些变化,一定会高兴的!再说了,她那么善良那么爱你,一定会理解和原谅你原来的幼稚和任性的。现在,你最需要做的就是,既然已经知道奶奶的好了,那就化后悔为行动,好好待爷爷,好好参加考试。"

"嗯嗯,我会的,老师。可心里还是特别难受,我不知道什么时候才能缓过来。我现在一出门就想哭!但是又快中招考试了,我不知道该怎么控制自己的情绪。"真是个让人心疼的好孩子。

"难过是正常的,也是对的。别控制,想哭就哭吧。但是到中招考试的时候你就必须控制住情绪去参加考试了,一写起卷子来,你会暂时把这事放在一边的。还有,你要知道,你考高中,人家高中学校只根据分数录取,不会因为其他照顾咱们的。"之所以这么劝说薇,首先,从心理学的角度上来说,人的情绪需要疏导而不是压制,这两天让薇不加控制地想哭就哭,到中招考试时就能减轻她的悲痛程度;其次,面对中招考试这样的大事,必须让她保持一定的清醒和理智。

"谢谢李老师告诉我这些。我相信有您的支持,我能熬过去这段艰难的日子。感谢李老师。"薇给我发来了三朵小花。

我心里感到了些许的欣慰:"嗯,好孩子,一定要挺住!不要客气,有事就随时联系我。"我又发过去三个抱抱的表情。事实上,我真想抱抱这个无助的女孩子!

分发中招成绩单的那天,薇也来了。我把她叫到一边,爱怜地问:"薇,你考试时情绪控制得还好吧?"

"嗯,我的情绪控制得还行,拿到卷子做了一会儿就暂时忘了其他的一切。"

"哦。你爷爷知道你奶奶去世的消息了吗?"

"知道了。现在,他也挺过来了。"薇的眼睛里有泪光闪烁。

"好孩子,离开了奶奶,生活还是要继续的,以后要多关心你的爷爷。同时,上了高中也要努力学习,好好把握自己发展自己,争取将来给爷爷提供好的生活。这,才是告慰你奶奶的最好方式。"

"嗯,记住了,老师。"薇的脸上露出些许笑容。那笑容,在我看来,就像厚厚的云层里透出来的一缕金色阳光。

把负面情绪收进"降妖瓶"

"人生不如意事,十之八九。"说这话的人、信这话的人可真是多了去了,我也说,我也信。

是啊,想想自己,已经是年近五旬的中老年教师了,搁在一般的学校那里,都会被归入"老教师"队伍而被减负,被照顾,过几天相对轻松安闲的日子。可是,我呢?除了教两个班的课并兼任教研组长外,又被委任了做班主任的"重大使命",且还是自己之前从未带过的班型——普通班。一开始,心里那个不如意啊。也有人替我鸣不平:"让你这特级教师去带普通班、教普通班,是不是太屈才了?"

心里暗自忖度,为工作拼了这么多年,这是何苦来呢?可是,转念又一想,咱不忍心违背领导的安排,无情地说出那个"不"字:咱是特级教师了嘛,是不是就要像个特级的样子?说到底,咱的修养在那里放着,能拒绝吗?能撂挑子吗?能甩脸子吗?能发牢骚吗?

不能!既然不能,那该怎么办?

记得小时候读过的一个童话故事里说,有一个神奇的瓶子,里面收伏了一个妖魔。只要你不打开那个瓶塞,就太平无事;倘若你拔出那个瓶塞打开瓶子,那就完了,那妖魔就会跑出来祸害人间,制造无穷无尽的麻烦。

《西游记》里也有类似的情节。

是啊，何不把心中的不满、怨气、怒气……这些"妖魔"，统统收进那个神奇的"降妖瓶"，把它压在心底甚至忘到九霄云外，使之永无出头之日呢？再想想看，带普通班自有它的好处：一来可以进一步丰富和充实自己的教学生涯；二来可以给自己的班级管理讲座积累许多鲜活的第一手资料；三来呢，再教育转化一批孩子，使他们由顽劣变得文明甚至优秀，化腐朽为神奇，那是多么令人惬意的一种感觉啊！

好，就这么定了，该怎么干就怎么干去吧。

和普通班的那群"混世魔王"整天摸爬滚打在一起，一开始，那叫一个累，累得身心俱疲；还有一个烦，烦透了：这些孩子怎么这么多毛病！可是，得控制自己，狠命地控制，得咬牙挺住，不能让负面情绪跑出"降妖瓶"。

用耐心跟他们磨，用智、用勇和他们斗，用韧性和他们熬。"兵来将挡，水来土掩"，十八般武艺全使出来。不，这些还远远不够，还得用艺术的方式，让他们明白我不是"敌人"，是朋友；让他们感受到我对他们的呵护，对他们的尊重……

就这样，熬油似的熬了一年多，曙光出现了：孩子们越来越听我的话，纪律、卫生越来越好了，班里追求进步的孩子越来越多了，学习氛围越来越浓了……更让我得意的是，他们越来越跟我亲密无间、推心置腹了。

此时，你如果说不让我做这个班的班主任了，那我可不依！我相信孩子们也不依。嘿嘿！

其实，做什么事不是这个理呢？

正忙得不可开交，又收到了教研室的信息："李老师，请你为本协作区年轻教师的达标考试出一套试题……"

班里的事情还没有处理完，教务处又来电话了："李老师，有一个任务需要你们语文组去完成……"

刚下课坐在办公室，本组的年轻教师笑容可掬地走来了："李老师，你给我看看这个课设计得行不行吧？"

累得七零八落地刚回到家里，收到外地年轻教师的信息："李老师，我准备参加一个优质课比赛，麻烦您给我辅导一下吧！"

不能烦，更不能推辞。这说明了什么？说明人家信任咱，信任咱的水平和能力呗！把想要冒出来的负面情绪统统装进"降妖瓶"，然后心平气和地去处理，一件一件地来，不急不躁，气定神闲。最后，一切如意，万事大吉，皆大欢喜！

把负面情绪统统收进"降妖瓶"，然后多点耐心，渐渐地，你的心情就会由雾霾笼罩变得云开雾散，变得风轻云淡，变得春光灿烂，变得鸟语花香，变得一派祥和——多么理想的状态，多么美好的人生！

惠心篇

　　我多想用智慧的光亮，照耀你，指引你，带你踏上一条宽阔的大道，朝着美好的人生目标奔跑。

开学了

暑假后，新学期开学的第一天。

我穿戴整齐后，走出家门，踏上去往学校的路。

眼前不由得浮现出我那些学生们的模样来——这帮小鬼，也不知道经过了这个长长的假期后，该上九年级的他们会有什么样的新变化。你别说，好长时间不见他们，还真是有点想念呢。

我不由得微微地笑了，脚步更加轻快。

来到教室，已经有不少学生落座了。两个月的光景，就使他们的脸上褪去了不少稚气。

看见我，他们的眼睛也闪出亮光。

按照学校的安排，我们需要离开这个八一班教室，去往九一班教室——从现在开始，我们正儿八经是九年级毕业班啦。

到了新教室，我将学生们分作两拨：一拨去打扫我们原来那个八一班的教室；一拨整理和打扫目前的这个新教室。一声令下之后，大家伙便开始忙活起来：整理桌凳、擦门窗、扫垃圾、拖地面，整个不亦乐乎。

将两个教室打扫整理妥当后，学生们自觉地安安静静就坐了。我招呼课代表和组长收假期作业，很快，作业也收完了。

有人来通知我们去领课本和作业本，一帮男孩子争先恐后地举手要去，征得我的同意后，蹦蹦跳跳地跑开了。那雀跃的身影，让人不由得顿生欢喜。

课本、作业本发放完毕，开学典礼的时间也到了。我们排队下楼去参加开学典礼，从前到后，自始至终，大家都是安静的、有序的。

开学典礼结束后，该放学了。学生们挥手和我笑说"再见"。

我心中半喜半疑：嘿，这些娃娃们，怎么变化这么大？不会是因为刚刚开学，在跟我客气吧？再想想原来的他们，这种时候可从来不会跟你客气半点呢，瞅你稍稍不留神，就可着劲儿地闹腾。

第二天早读，我一进班，大部分学生已经在安安静静地坐着看书了。

语文课上，我们学习了《沁园春·雪》，我要求学生们熟练背诵。结果，下午的午读时间，就有鑫、林等几个学生主动来给我背诵了。我心里一喜，赶紧招呼课代表："把这些同学的名字写在后面黑板上表扬，回头我要拍照发到班级微信群里给家长们看。"

这下可不得了了。

立马有几个学生争先恐后地跑到我跟前："老师，我也要给你背！"我眉开眼笑："好，好！一个一个来。"

有的学生背得不熟，也来凑热闹。我哄他们继续加油："去座位上再好好熟悉熟悉，等背熟了再来。"可有个同学却不愿走，站在我身边，眼睛望着我，脸涨得有些红，嘴里小声地嘟嘟哝哝，念念有词，企图在几分钟内就能背熟。那模样，让我怎么都不忍心再"驱赶"他了。

于是，我的身边很快聚集了一圈人，闪闪发亮的眼睛张望着我，希望能尽早给我背书。环视着这些充满生气和喜气的脸庞，你是无论如何都不忍心把他们赶到座位上去，命令他们"背完一个来一个"了。

一天后，教室后面的黑板上"表扬会背《沁园春·雪》"的名单居然满员了——全员会背！这可是前所未有的好现象啊。我喜滋滋地拍照发到家长微信群里："请大家看看，全班同学都会背新学习的《沁园春·雪》！开学以来，我们的班级纪律非常好，孩子们的学习热情空前高涨，这是一个良好的开端。今后的一年，让我们共同帮助孩子们取得更大的进步！"

家长们纷纷发来文字或者各种图片表示点赞。

我的心里真是得意极了。想不到，鑫又率先熟练地给我背起了还没学到的《乡愁》《你是人间的四月天》……其他几个学生不服气，也纷纷找我背书。一时间，真是让人应接不暇。

接下来，数学老师给我表扬宇，说他一开学状态极好：听讲专心，解数学题特别快；珈向我表示，这学期要继续在学习上做"领头羊"；玮主动找到我，说假期去打工两个月，体会到了上学的重要性，要下决心学习了……哈哈，好现象层出不穷，好消息接踵而至，真是令人振奋！

刚开学，就有这么好的局面，真是一个大惊喜。我想，带领这些小可爱们好好拼上一年，也许会有更多的惊喜出现呢！

恶性事件即将发生

周日晚上,七八点钟的时候,手机响了。

接起电话,是一个颤巍巍的苍老声音:"是李老师吗?我是琳的奶奶。琳现在在家哭呢,说是明天不敢去上学。"

"为什么?阿姨,您让琳接电话,我来问问她是怎么回事。"

和琳通了电话之后,我大致明白了事情的原委:班里的华认为琳向我告她的状了,就纠集班里另外两名女生,在 QQ 群里扬言,明天上学后不仅要在后操场打琳,还要让我撤掉琳的语文课代表职务。

为了证实这些,琳给我发了截屏。

截屏上,华的话是那么的霸道十足:"明天到学校后操场,帮我揍琳,她该死了!""放学后就去!到时候会有好多人怂她!""那天我要打她,你们就不应该拦我!"……

记得新生刚入班不久时,就有家长告诉我:"听说华也在咱班?哎呀,坏了!这孩子小学时跟我儿子一个班,是全校有名的问题学生,那时候老师都已经放弃她了!"

听闻此话,我暗下决心:我偏不信这个邪,一定要感化华!

华的毛病的确多。经常有学生跑来告她的状:华又打我了;华在课堂上老说话,气得老师上不成课;华上课经常睡觉;华上课时偷玩手机;华不交作业……不仅如此,她还和班里另外三名女生十分亲密,四个人一下课或者一放学就会聚在一起,导致三个女孩的成绩都下降了。

谈话、批评、表扬,等等,我对华用了各种方法,尽管目前成效不大,但我对她并没有失去信心。可是……琳发给我的截屏,却让我第一次看到了,背着我的时候,华居然有这么霸道可恶的一面。

真的不可救药了,真是恨不得放弃她!我心里有些恼怒。

深深地吸了一口气,我告诫自己要冷静。我先安慰琳:"有我呢,孩子,别怕,明天照常上学。我一定会调查清楚这件事并且妥善处理的!"

躺在床上,我左思右想:明天,到底该用怎样的方式处理这件事?

周一一大早,我就到了教室。安排好早读之后,我把华叫到教室外面,告诉她昨天晚上琳的奶奶给我打电话的情况。我一脸严肃地吓唬她:"琳的家人很生气,她的爷爷、奶奶、爸爸、伯伯、叔叔都非要来学校追究你的责任不可! 被我暂时拦下了。"

华一愣,直直地看着我,脸上霎时现出恐慌的神色。我心里一喜。

盯着华的眼睛,我一字一句地说:"我之所以劝阻琳的家人先不要来学校,是因为我认为你是个能辨清是非、讲道理重情义的人。我想,你之所以召集人准备打琳,背后肯定是有原因的,对不对? 现在我就是想清楚地知道这个原因,好把这件事情顺利和平地解决,让琳的家人放心,不再来学校追究你。"

想不到,听了我这番话,华的眼圈红了:"老师,我告诉你所有的原因吧。第一个原因是,琳曾经告诉过我们她的家庭情况很不好,还说只给我们几个说了,让我们给她保密。结果不久后我就发现,班里的不少男同学也知道她的家庭情况。我当时很生气,还以为是我们几个人之中有哪个不遵守诺言,把她的秘密说出去了。后来才知道,这都是琳自己说给别人的! 所以我就很生琳的气,她说话太不算话。第二个原因……"

说着,华有点不好意思地低下了头,顿了顿,她又抬起头,接着说道:"那次我们三个人去喝酒,被你知道了,我们都猜想是琳给你告的密……"

"纯粹瞎猜! 还有什么,接着说。"我白了华一眼。

"第三个原因就是,琳作为语文课代表,总是包庇自己,她有好几次都不交语文作业,可她从来不记自己的名字,更不会让你知道。我觉得她既不称职也不负责任,就想让你撤掉她的语文课代表一职。"说着,华长长地舒了一口气,仿佛轻松了许多。

"还有吗?"

"没有了。"华望着我,那眼神,好似在期待我的判定。

"华,听了你这番话,我心里很感动。为你的诚实仗义和善良正直!"

华的眼睛一亮,脸上是掩饰不住的惊喜。

我知道,在华的面前,琳属于弱势群体,我必须巧妙地维护她的利益。于是,我接着说:"为你高兴、欣慰的同时,我也想指出你的一些错误认识。第一,你误解了琳。因为琳的身世比较特殊,她不像你那样,有爸妈的呵护、宠爱,她一直跟爷爷奶奶一起生活,所以就格外渴望得到来自朋友和同学的温暖。一旦信任了谁,认定了谁是好朋友,她就会对对方推心置腹。这不是不守信用,而是人内心深处的一种情感需求。不只她是这样,你们这个年龄的人大多数都有这样的心理,包括你在内。你不是也交了一群'狐朋狗友'吗? 所以,对于琳的所作所为,你不应该苛求她、责备她,更不应该在 QQ 群里扬言要打她。而应当——"

"帮助她,关心她!"华脱口而出。

"对啊!"我对华竖起了大拇指。

"第二点,我要向你澄清一件事:你们几个人去喝酒的事,班里谁不知道？跟琳没有半点关系。她是一个很内向、很安静的孩子,平时都很少主动跟我说话,哪里会向我告什么密？再说了,这件事本身就是你们做得太出格、太过分、太傻气！你们应该好好反思自己才是,居然还好意思去追究谁告的密？还有,你们年龄小,还很幼稚,常常辨不清是非,缺乏自我保护能力。我知道了这件事,对你们来说是坏事吗？是好事！我正好可以帮助你们,把你们往正确的道路上引导啊！”

“嗯,是的。”华小声答应道。

“第三点,关于琳身为课代表自己却不交作业这件事,你做得很好,很正直！但我目前不想撤掉她的课代表,因为琳的家庭背景比较特殊,现在她的内心很脆弱,正是需要帮助的时候,撤她的课代表一定会对她打击很大。我的想法是,咱们就再给她一次机会,提醒她改正自己的错误。如果她以后还不改,我再免她的课代表。你说呢?”

“好!”华愉快地答道。

“那么,接下来,你就要对自己说过的话、做过的事负责了。你准备怎么消除在 QQ 群里放出的那些狂言对她造成的心理阴影?”

“嗯……我想把琳叫出来,和她好好沟通一下。”华看着我,眼神很真诚。

“好,我很赞成你这个想法,也相信你会做得很好。”我投给她一个赞赏的眼神。

我把琳叫出教室,嘱咐她:“琳,别担心,更不要害怕。刚才我已经跟华谈了好多,发现她对你并没有恶意。之前之所以发生那些事,是因为你们之间有误会,华很想跟你好好沟通一下呢。”

琳迟疑着,怯生生地向华走过去;华呢,则是脸上带着点善意的、不好意思的笑,看着琳。

我回教室了。

过了一会儿,我走出教室,看见两个人还在热聊,琳的脸上是开心的神色。我悬着的心放下了。

"怎么样? 误会消除了吧?"我一边说,一边走向她们。

"老师,我们谈好了,没事了……""两人都笑看着我。

看着一脸轻松的琳,我说:"琳,不要总是觉得自己不幸什么的。尽管你一直同爷爷奶奶生活,其实你是个很幸福的孩子呢,因为有那么多人关心你——爷爷、奶奶、爸爸、伯父、叔叔……他们都很牵挂这件事的处理情况呢,回家后告诉他们,事情已经圆满解决了。"

"好的。"琳带着笑意回答。

"另外,我想告诉你,你作为课代表却好几次对我隐瞒自己不交作业的行为,这的确是非常严重的。华想让我免掉你的课代表,表明了她的正直,这方面她是对的。但是,这次我先不免你的课代表,给你个改正的机会。能不能长期做语文课代表,就看你以后的表现了。好吗?"

"嗯,好的!"琳看着我的眼睛,回答得很坚定。

"华,我想告诉你的是,以后没事就读点书,别总是无所事事,惹是生非。有话好好说,有事好好解决,绝对不能再给我耍黑恶势力做派,否则,我可要下狠手'扫黑除恶'了!"

"嗯,嗯,我知道了,老师。"华连声回应。

于是,一场即将发生的"恶性事件"平息掉了。

你班学生打人了

散学典礼正在进行中。主席台上,校长正在讲话;台下,七、八年级的学生排着整齐的队伍在安静地听讲。

我正站在班级队伍的后面,只见本年级的一位班主任王老师走到我跟前,低声说:"李老师,我给你说件事。你班学生打人了!是一个叫恒的学生,打了我们班的晨,晨是一个特别乖的孩子……"

又是这个恒!这家伙,别看他平时在我面前表现得又乖巧又听话,跑个腿办个事的挺机灵,背后却总是忍不住地想犯事:逃课、抽烟、打游戏,包括打群架。他的爸妈有几次气得忍不住要打他。这不,今天就要放假了,他还要再惹个事。

我压低声音对王老师说:"你把你们班的晨叫过来,咱们到办公室仔细问问他情况,然后再说。"

办公室里,我见到了晨。这果然是个很温顺听话的孩子:瘦瘦小小的个头,一进门就规规矩矩站着,声音弱弱地回答着我的询问,一脸的无奈和无辜。

"晨,别害怕,我就是来解决你被打的事情的,请你详细地讲一讲事情的经过。"

通过晨的讲述,我了解了事情的经过:他在课间去厕所时,碰见我班的恒和另一个班的学生豪。晨本来和这两个人素不相识,也没招惹他们。可是,那两个浑小子说,他们看晨不顺眼,就掐住晨的脖子,打了他。

"还有这事? 哼,这两个坏家伙,还想搞'黑恶势力'呐!"我心里着实恼火。

仔细察看晨被打的部位,别的倒没什么,就是右侧下巴上有一个绿豆大小的出血点。

"你的脖子疼得厉害吗? 身体有没有不舒服的感觉? 需不需要到医院看看?"我同情地看着晨。

"不疼了,也没有不舒服的地方,不碍事的。"晨老老实实地回答。

一边的王老师说:"李老师,要不,咱们批评一下他们就算了。我恐怕惹火了他们,以后他们——"

此时,我的心里已经有了主意。我安慰王老师说:"不行,我得教训一下这俩小子。放心吧,王老师,我会杜绝他们再找晨的茬儿。"

转过身,我嘱咐晨:"我去叫那两个学生。待会儿,不管他俩和你说什么,你都要一口咬定说脖子很疼,一定要这么说! 有我在这里,你不要害怕,只管按照我说的去做就行。"晨连连答应。

到了主席台下,我把恒悄悄地从班级队伍里扯了出来。他一边跟我走,一边小心翼翼地问:"老师,啥事?"

"还问我啥事! 问问你自己吧,看看你干的好事!"我尽量压低声音,没好气地说。

带他走到一个没人的角落处,我盯着他的眼睛说:"老实给我说,你是不是打了人家外班的学生晨?"

"嗯……"恒一边支吾,一边伸出一只手不自然地抓挠后脖颈,眼睛则一直窥探我的表情。见我目不转睛地盯着他,恒说实话了:"是的,我打他了。"

"你惹事惹得可真是时候！待会儿散学典礼一结束，就该开家长会了。晨的家长一来，看到自家的孩子被打了，肯定要追究责任，肯定会不依不饶的！刚好你的家长也来开会，那这件事就交给你们双方的家长来处理好了！先带人家去医院检查，让你爸妈给人家出医药费，完事之后再追究你们的责任，回家后你爹再毒打你一顿——我看你的皮又痒痒了，想要给你爹制造个揍你的机会！"

"哎，别，别，老师，别让俺爹知道这事呗……"恒可怜巴巴地哀求道，忧虑与恐惧一齐袭上他的脸。我心中窃喜：小子，你也知道害怕了！

"我也不想让你爹知道啊，可是那个学生说被你们打得脖子疼得厉害，待会儿他肯定会把这件事告诉家长的。我又有什么办法？"我摊开双手，一副又气又急又无奈的表情。

恒皱着眉头，牙齿咬着嘴唇，忧心忡忡地呈现出一副痛苦状。

"是不是还有个学生豪也参与打他了？"我问。

"是的！"恒这次很干脆，不支吾了。

"你去悄悄地把豪也叫过来，把事情的严重性告诉他。"

很快，两个"黑恶势力"双双站在我面前。

"晨招惹你们了？"

"……没有。"

"那你们干吗打人家？仗势欺负人家弱小老实的同学，算什么本事！现在好了，打出大事了！你们俩好好商量商量，看该怎么解决吧。很快就该开家长会了，人家的家长马上就到。"我连训斥带数落。

两个人你看我一眼，我瞅你一下，然后都蔫蔫地低下了头，一声不吭。

沉默了一会儿，看他俩都说不出个一二三，我开口了："我认为，你们应该先做好晨的安抚工作，想办法平息他心中的委屈，争取让他不要告诉他家长这件事,然后事情就好办了。明白我的意思了吗?"

"哎,对!"恒望着我,眼睛一亮。见旁边的同伙豪还有点懵懵懂懂的样子,恒就指手画脚地给他"解读"我的意思。豪终于听明白了,眼睛也一亮。

我趁热打铁:"现在,晨就在我办公室,你们俩去和他谈谈,好好安慰他一下,争取彻底消除他心中的阴影。然后,再诚恳地给人家道个歉。那孩子看起来很老实,这么一来,我估计事情就差不多了。"

"好,好,老师。"这会儿,两个浑小子乖觉得不行。

我带他俩到了办公室。看到他们,晨的脸上仍有一丝恐惧。我走过去,对他说:"晨,你现在感觉怎么样?"

"嗯……还是脖子疼……"晨低声说。

"我刚才狠狠地批评他们两个了,他们也彻底认识到了自己的错误,想跟你谈谈。你看怎么样?"

"好的。"晨很情愿的样子。

我和王老师对视了一下,走出办公室,留下他们三个人在那里"谈心"。

过了十几分钟,办公室的门开了。三个人走出来,个个面带轻松之色,甚至还有点喜色。

"老师,我们谈好了。"恒说。

"晨,你感觉谈得怎么样? 还满意吗?"我问晨。

"嗯,满意。"晨看起来挺开心。

"好,既然你满意了,那么今天发生的这个不愉快就到此了结了好不好? 其实他俩也是本质挺好的孩子,只是一时犯浑才对你动了手。男子汉之间,打闹一下也很正常,不打不成交嘛! 这件事你就不要再告诉家长了,免得他们担心,好不好?"

　　"好的,老师,我不让家长知道。"晨真诚地看着我。

　　"嗯,好!"一转脸,我对恒和豪说:"人家晨表现得很大度,彻底原谅你们了。现在,我郑重地对你们俩提出一个要求:从今往后,你们要负责保证晨的人身安全,一直到毕业! 一旦他的人身安全出了问题,我都要拿你们俩是问,一直到毕业。能做到吗?"

　　"行,行! 放心吧,老师,我们能做到。"两个人频频点头,诺诺连声。这边,晨也连声对我说:"谢谢老师,谢谢老师。"

　　"好,你们赶快去各自的班级队伍里吧。"

　　我和王老师也走出办公室,去散学典礼现场。路上,王老师向我伸出大拇指,说:"真是'谈笑间,樯橹灰飞烟灭'啊! 真是服了你了,李老师!"

骤起的风波

期末考试完,就要放暑假了。下学期,我的这帮学生就成了八年级的学生,学校通知我们七年级各班搬往楼上原八年级所在的教室。

我安排班长带男同学负责往八年级教室搬桌子,女同学负责搬凳子。我则带着几个学生"断后":彻底清扫原教室的卫生。

清扫完,我们上了楼。刚到新教室的门口,就发现班里几个女生正聚在教室门外的走廊上,一脸惊慌。

"怎么了,你们?"

看见我,几个女孩子好似看见了救星:"老师,你快看看咱班里……"

其时,我已经看见一群个头高大的学生在班里闹闹嚷嚷,而他们并不是我们班的学生。我内心一惊,三步并作两步跨进教室,拨开人群,走到中央,大声道:"我是这个班的班主任。怎么了?怎么回事?"

"你们班有个女生……"一片乱嚷下来,我什么也听不清。再看这些学生,一个个神情激愤,甚至还有些兴奋。有几个高大壮实的男生,满脸是凶神恶煞之气。我意识到,必须以更强的气势、最快的速度控制场面。

"安静!你们是哪个班的学生?其中有没有班干部?"我厉声询问。

"有!"三名女生大义凛然地走出来,昂首挺胸站在我面前。

"现在,这个教室属于我们八一班。请八一班的学生尽快坐到自己的座位上;其余的人,除这三名女生之外,请你们赶快离开,回你们的教室等消息! 这件事情,我一定彻查到底,妥善解决!"我尽量提高音量,一字一顿。

教室里彻底安静下来了。我班的学生,一个个坐得端端正正,都睁大了眼睛看着我。外班的学生里,除了那三名自称是班干部的女生站在讲台旁边以外,其他的都陆续走出了教室。

"你们中间有没有班长?"面对这三个女生,我缓和了一下神色。

"我!"一个女生挺身而出,定定地看着我。

"好! 你给我详细讲一讲,到底是怎么回事?"我盯着她的眼睛。

"这个教室原本是我们班的。在离开之前,我们认真把它打扫了一番,想给你们后来的班级留下个好印象。没想到,你们班有个叫娴的女生一进来就大喊大叫,说这个教室垃圾……"

"娴在哪里?"我环视一下全班。

"九年级的学生一来,她怕挨打,不知道跑哪儿去了。"我的学生们七嘴八舌地告诉我。

我马上派了两名学生去把娴找来。很快,平时惯于张牙舞爪的娴来到了我的面前,内心的惊恐使此时的她带着前所未有的瑟缩之态。

"老师,你必须让她去我们班,给全班学生赔礼道歉!"看到"罪魁祸首",那个女班长立马给我下命令,语气十分强硬。

"为什么?"我冷冷地盯着她。

"因为她伤害了我们全班同学的自尊心……"

"不可能!"不等她说完,我就厉声喝断了她。

"第一,她本就是个直率的孩子。我相信她只是无意中随口说了一句那样无关紧要的话,根本没有针对谁的意思! 第二,你说她伤害了你们全班同学的自尊心,这个说法太夸张。你有没有想过,你们私自闯入我的班级,不仅违反了学校的纪律,更是把我们全班的学生都吓坏了！我还没有追究你们这方面的责任呢。第三,事情还没有调查清楚,你就给我下命令。你知不知道自己的身份?!"

我的一阵"连珠炮"轰炸下来,那三个女生瞬间变得恭顺起来,连声给我道歉。

我也见好就收:"在打扫教室卫生方面,你们做得很好,非常值得我们班的学生学习。这方面,我会教育他们向你们学习的。现在来处理娴的事情……"

我让娴详细讲述事情的经过,跟我之前了解到的情况出入不大。

"娴,你总是太鲁莽,想说什么就说什么。咱班的同学都知道你这个毛病,人家外班的同学哪里知道？这不,你无意中就惹出了这么一场风波,我看你以后长不长心!"我恨恨地数落道——一则借机教训娴,二则给那三个女生看,让她们真正认为娴说那些话的确是无心的。

娴低下了头。

"这件事情我做主了。现在,就让娴在这里当着我们全班同学的面,给你们三个赔礼道歉。你们代表班里同学接受她的道歉,回去以后给全班传达一下。你们看这怎么样？"

"可以。"三位女"代表"异口同声地答应了。

"娴,过来,给这三个姐姐真诚地道歉!"

娴咕咕哝哝地向她们说完道歉的话之后,我命令她:"给三个姐姐鞠躬!"

然后,我转向三位女"代表":"等你们离开后,我还会继续教育全班学生向你们学习的。事情解决到这里,你们是否满意？"

三人点头表示满意。

"好,请你们回去向全班同学传达,这件事到此为止就算画了个圆满的句号,以后谁都不许再提起了,好不好?"

三人离开后,我发现我们班的不少学生都长长地舒了一口气,投向我的目光里更多了些敬意。

下课铃响了,我让学生们放学。待我收拾好自己的物品也要走出教室时,娴来到我跟前,一脸惶恐:"老师,你看外面,九年级的学生……"

我一看,乖乖!刚才进到我班的那群九年级学生都聚集在教室外面的走廊上,正虎视眈眈地瞅着我们班呐。那阵势,就像是电影里的场景,一个帮派随时准备与另外一个势不两立的帮派进行一番火拼血斗呢。

这帮小屁孩儿,还想搞这样紧张和刺激的场面呢。恍然间,我感觉自己成了个混码头的帮主。

我知道,他们的目标依然是娴。刹那间,我又恍然觉得自己成了地下工作者。"来,站我身边!"我低声示意娴。之后,在九年级学生凌厉的目光下,我不慌不忙地招呼全班学生离开教室,锁上门。

"跟我走!"我一把拉过娴,然后带她一起走向楼梯口。娴快步跟上我,我俩并肩而行。我目不斜视。

一级一级走下楼梯时,我发现,那帮九年级学生无声地尾随在我们后面,紧追不舍。嗬,现实版的跟踪与被跟踪啊!

我表面上不动声色,大脑在飞速运转:这帮说大不大说小不小的小屁孩,好不容易遇上个事端,逮住个可以恃强凌弱,集体对付一个低年级学生的机会,便兴奋得无以复加,没完没了了!不过,话又说回来,这个娴也确实该被教训一下了——在年级里,她的疯癫恣意放肆乖张,无人不知,无人不晓。

"对,叫娴的家长过来。一则让他们切实感受一下这孩子在学校是怎样招惹事端的,二则也让他们借机教育教育娴,同时也好保护她的人身安全。"走下楼梯的同时,我也暗自打定了主意。

"老师,你看,他们还在跟着我们。"这一次,娴开始战战兢兢了。

我猛一回头,那帮正在兴头上跟在我们身后的九年级学生,也猛然止住了脚步,并且四散开来。小样儿,还跟我玩儿这个呐,哼!

我止住脚步,拿出手机,给娴的家长打电话:"娴妈妈,孩子在学校有点事,需要你和她的爸爸尽快来学校一趟。"我的声音很高。

没过多久,娴的爸妈便火速赶到了。

听我讲完事情的经过,两人一边数落娴惹是生非,一边对我表达感激之情。我和他们一起分析了当前形势,最后一致认为:九年级的学生不依不饶,这对娴的人身安全来说是个大大的隐患。为了消除这个隐患,娴的妈妈最好于第二天早上亲自去到这个班级,找班主任赔礼道歉,以彻底解决此事,不留任何后患。

"好的,好的,李老师。明天我来,我来给人家赔礼道歉。"娴的妈妈连声答应。

最终,这场骤起的风波得以彻底平息。自此以后,娴和她的爸妈对我更尊重了。

哼，为师也会恶作剧

早上，我一走进教室，就看见辉的座位下面扔着三个纸团、倒伏着一个空饮料瓶子。

我做班主任最忌讳的就是教室里的环境卫生不好。当初，这群"熊孩子"一入班，我就发现了他们有个共同的毛病：特别不讲个人卫生，总是随地乱扔垃圾，糖果的包装纸、空饮料瓶子、纸团……刚开始的那段时间，教室的地面常常像个垃圾场。

我一直认为，良好的教室环境对学生起着无声的教育作用，反之，则会对他们产生不良的影响。这种不良习惯，实在是对我的挑衅！决不能听之任之，必须彻底根治。我开始大刀阔斧地进行"卫生专项整治行动"。讲道理、罚扫地、扣量化分、责任到人、有奖有罚，等等等等——我绞尽脑汁，紧盯不放，真可谓"费尽心机"。

如今，眼瞅着同他们的不良习惯进行了一年的"拉锯战"之后，班里的卫生状况大为改观，绝大多数学生都养成了不随地丢弃垃圾的习惯。

独有辉这孩子，可真算得上是个不讲究个人卫生的"钉子户"。刚上初中时，他总是把书、本子、矿泉水瓶一股脑儿地堆在地上——是乱七八糟地"堆",不是放。他的桌斗里,是张着嘴的眼镜盒、吃空的零食包装袋、卷着角的书;桌面上,横七竖八地摊着水笔、尺子、圆规、文具袋和卷着角的本子……

刚开始时,为了保护他的自尊心,我要么俯下身子,轻声细语地耐心教他如何摆放自己的物品;要么是把他叫出教室或苦口婆心或疾言厉色地教育;要么是提醒他把随地乱扔的垃圾捡起来放到垃圾桶里……可是,怎奈你对他的注意力稍一放松,他的毛病就会"卷土重来"!

这个辉,都八年级的学生了,连这点毛病都改不掉,不讲卫生简直成了他的"顽疾"! 想到这些,我真是气不打一处来。

此时,时间尚早,教室里只有我和几位值日生。

见我盯着辉的座位,脸色不大好,峰开口了:"老师,我去过辉的家里,他家特别脏,特别乱,东西都是随便乱扔乱放,沙发脏兮兮的,上面胡乱扔着家人的衣服。他们家的猫在上面滚来滚去,衣服上沾满了猫身上掉下的毛……"

原来如此。怪不得辉的毛病这么根深蒂固。看来,这次我必须要"痛下狠手",彻底帮他根除了。

我眉头一皱,计上心来:"你们几个,赶快行动起来,把教室里的碎屑、垃圾都扫到辉的座位底下!"

几个人都有点不相信自己的耳朵,愣愣地望着我。

"没错! 快把垃圾都扫到辉的座位下面,我自有安排。"我带着一丝狡黠的笑意,朝他们眨巴眼睛。

几个人这才悟出点什么,相视一笑,快速行动起来。一切很快搞定,就等辉来了。

我心中暗自得意:哼,辉,你这个不长记性的家伙,这回,我决不会再对你客气了。等着瞧好吧,为师也会恶作剧!

过了一会儿,辉来了。他像往常一样,背着书包,不紧不慢地走进教室,走向自己的座位。我的目光,像舞台上的追光灯一样盯着他。

刚放下书包,辉就发现了自己座位下面的异常。一时间,他有点懵,正迷茫地四下里乱看的时候,恰好遇上我意味深长的、有点恶作剧的目光。见我似笑非笑地盯着他,他似乎意识到了什么,赶紧走到教室后面,拿了笤帚等卫生工具埋头清理那些垃圾。他的脸上,是五味杂陈的表情。

等他清理完,我不慌不忙地踱到他身边,笑问他:"辉呀,座位底下变成垃圾场的滋味怎么样?"

辉飞速地瞟了我一眼,拧巴着眉头,脸上却又带着点尴尬的笑意,张了张口想说什么,又一句话也说不出来,最后只好抿着嘴低下头说:"老师,我知道错了……"

"错哪儿了?"我穷追不舍。

"嗯……不该随地乱扔垃圾……"辉的脸上是讪讪的笑。

我收回笑容,盯着他,一字一句地说:"这次就到此为止了,先放你一马。你记好了,下次再被我发现随地乱扔垃圾,我不仅要让你的座位变成垃圾场,还要罚你一个人打扫全班的卫生两周,直至你的毛病彻底改掉为止。根治不了你的毛病,我决不罢休!听明白了吗?"我的声音,既和气又严肃。

"嗯,听明白了。"辉抬起头看着我,满口答应。

"还有,回家后告诉你的家长,我有可能找个时间到你们家进行家访,不会事先告知你们的。说不定哪天你放学回家的时候,我一心血来潮,就会和你一道儿去你家,来个突然袭击式的家访。"

辉抬起头睁大了眼睛望着我:"老师,真的假的?"周围的同学"哧唏"地窃笑起来。

"哼,那还能有假?"我斜乜起眼睛看着他。此时,我脸上的笑容一定带着点坏坏的味道。

一天,辉的妈妈来学校找我了解辉的情况,自豪地向我炫耀:"我感觉孩子这段时间懂事了不少,他知道收拾家里的卫生了呢。"

我一听,呵呵地笑了起来……

老师，他说我坏话

端午节假期的最后一天，我正沉浸在休假的惬意中。突然，微信提示铃声响起来。

打开一看："老师，亮一边打着游戏一边还说我坏话……"紧跟着，是发来的作为"罪证"的一张张截屏。只见截屏上显示"诚这家伙是从九年级休学来到我们班的"，"他特爱犯贱，还阳奉阴违……"

微信是学生诚发来的。生怕我看不清晰、看不全面，他把截屏上的话又用文字给我发了一遍。

这个诚，本来比我们班的学生高一届，是因为休学才插班到我们班的。他生得高大壮实，不爱学习，还总是招惹是非。尽管才刚来我班几个月，却已经惹了不少事。如今，好惹事者反被别人惹了，看得出来，他是颇为恼火和忿忿不平的。

我没有立即回复他，而是先把他发给我的截屏转发给了"肇事者"亮——我想根据亮的反应判断一下这次事件的责任主要在谁。

很快，亮做出了反应："诚在学校老是跟我犯贱……"

还未等我回复，他又发来一条："老师，不知道他回头会不会找我事儿?"看来,亮有点心虚,还有点害怕,那么,这次的责任应该主要在他那里了。

"他跟你犯贱,你就告诉我,你不该公开跟别人议论他,还被他看到啊。还有,你过端午节的方式就是一个劲地玩游戏?玩游戏时嘴还不消停!"我连数落带责备。

"我知道错了,老师。可是,我该怎么办?"亮紧接着问我。

"首先,立即停止对别人的议论;其次,停止打游戏,去读书、写作业或者睡觉;最后,要记住这次教训,不要在背后议论别人。剩下的,明天到学校后再说。"

"哦,好的,老师。"亮诺诺连声。

一宿无话。

第二天早上的晨读时间,安排好早读,我就把两人叫到教室外面。那诚昂首阔步走出教室,还不时回过头,瞪大眼睛,狠狠地瞪了亮几眼。亮呢,则是不敢抬头,偶尔偷看一眼诚,就赶紧看自己的脚尖,两只胳膊放在背后,两只脚也不自在地交叉着踢来踢去。

看这阵势,我得"先下手为强",就笑看着诚说:"诚,我昨天已经问过亮了,他说他那都是随口乱说的玩笑话,根本没想到会惹得你这么恼火。你想想,如果不是随口瞎说、开玩笑,谁会傻到在公开场合、大家都能看得到的情况下去说人家的坏话?再说了,男孩子之间说点这个算什么呀,根本不算事!你也太小心眼了嘛。"

能看到,诚有些释然地微微点着头,脸色开始由阴转晴,缓和了不少。

"再说了,亮给我承认说,他都不知道那'阳奉阴违'是什么意思,他是刚刚从书上看到这样一个新词语,感觉挺好玩的,想瞎卖弄一下,就用上了。说白了,就是无知还瞎逞能。"说着,我故意狠狠白了亮一眼,他赶紧答应:"嗯,是的,是的。"

"哦,原来是这样的呀。"诚彻底释然了。

"咳,说来说去,这根本就不是个事儿,用不着那么一惊一乍的。再说了,你们都是男子汉,大大咧咧的才应该是你们的风格,小肚鸡肠地为一句话计较来计较去,算什么男子汉!"我用目光扫视着两人。

"老师,我知道,我平时做得确实也不够好……"诚瞧着我,一副很诚恳的模样。

嘿!这倒是出乎我的意料,让我眼前一亮。

"诚,好样的!能够从这个事件中反思自己,这是非常难能可贵的,这样你一定会做得越来越好,进步越来越大的。亮,这方面你可要好好向人家诚学习了啊!"

亮连连点头:"是的,是的。"

"不过,话说回来,不管你是开玩笑还是无知,毕竟你是议论人家了,毕竟当时让诚心里不舒服了。你是不是应该向人家道个歉呢?"我望着亮。

"哦,是的。对不起啊,诚。"亮反应挺快,道歉也显得很真诚。

诚笑了:"没关系,没关系。"一副冰释前嫌的样子。

"这就对了嘛,男子汉,就是要大气,要有正气,要心胸宽广!今天,这件事就到此彻底了结了,以后谁也不许再提起。好不好?"我笑望着两个个子都高出我一头的"男子汉"。

"好的,好的。"二人异口同声,脸上都带着笑容。然后,准备回班。

就在他们转身要走向教室时,我大喝一声:"站住!"

二人有些惊异地回望着我。

我歪着头,睁大眼睛瞪着他们说:"知不知道昨天是什么时间?过节呢！你们不给我发节日祝福就算了,却还来给我添堵!"我嗔怪道。

"哦,对不起啊老师,对不起。节日快乐啊!"恍然大悟的诚一边说一边频频向我点头,不好意思地挠着头。

亮也红了脸,小声跟着咕哝:"是的,老师,对不起。节日快乐啊,老师。"

我笑了:"嗯,这才是长大了,懂事了。好了,回教室吧。"

昨天班里不太平

周一的下午，因为和一所师范大学约好了给他们的国培学员做一个网上直播讲座，所以我需要离开学校。临走之前，我特意交代班长留心班上的纪律。

我想，才一个下午，学生们又都是临近毕业的学生了，应该不会有什么意外发生。何况，自疫情后复学以来，班里一直太太平平，师生关系融洽，同学之间友好相处，呈现着一派宁静祥和、安定团结的大好局面。

但不知怎的，心里终究还是不十分踏实。次日早上，一到班里，我就问班长："昨天班里没出什么事吧？"

"不，老师。昨天班里可不太平。"班长一边摇头叹气一边惨然一笑的神情里，写满了一言难尽的苦楚。

"嗯？怎么了？出什么事了？"

"东和冠打起来了！"

"因为什么？"

班长还没回答我，英语老师过来了："李老师，你可来了！昨天下午东和冠打架，恰好被我撞上，我和一帮男生使了好大的劲才算把他们拉开了。当时那个情形啊，实在太吓人了：东的脸涨得通红，眼睛都直了！我们把他俩拉开好长时间之后,他才回过神来。那个样子,把班里的好多学生都吓呆了……"英语老师心有余悸的神情,足以印证昨天那场厮打的惨烈程度。

啊? 竟会有这样的事?!

东和冠这两个孩子,很是相似:一样的散漫贪玩,一样的学习成绩不好,一样的好玩闹。但他们俩品质都挺好的,不是惹事耍赖的孩子,都是一副憨厚实在样儿。

他俩怎么会打起来? 而且还那么激烈?

做了一系列的询问调查之后,事情的起因摸清楚了。我把两个当事人叫出教室。

很显然,两人心里门儿清,我为什么叫他们出来。两人都低了头站在我面前。

"昨天下午是怎么回事? 东,你先说。"我平静中透着严肃。

"下课时,我和伟两个人用喷水壶互相喷水玩,伟不小心把水喷到了冠的身上,可是冠不分青红皂白,夺过水壶就朝着我喷水! 我特别生气,就和他打了起来。"

东气哼哼地述说,流露着他依旧未消的怒气。

"冠,说说你的情况。"我转向一边的冠。

"我当时在座位上坐着,突然有水喷到我身上。我回头一看,恰好东的手里拿个水壶,正看着我笑。我以为是他故意把水喷我身上的,就夺过水壶朝他喷了一下。结果他恼了,我俩就打了起来。"

没错,这就是事情经过,跟我之前调查到的情况完全吻合。

"去,把伟叫出来!"我示意东,语气开始变得严厉。

伟皮笑肉不笑地来到我跟前。

"马上就是初中毕业的人了,怎么还这么无聊? 你们有点出息没有?

一个喷水壶,就成了你们消遣的玩具、惹事的工具,还差点惹出人命官司!"我用"恶狠狠"的目光先盯着伟,然后又在三个人身上扫来扫去。

"东,你觉得自己被冤枉了,很生气,是吗?"我把目光锁定在东的脸上。

东看着我,点点头。

"你有多冤?不是你和伟打闹,水也喷不到冠的身上,你难道一点责任没有吗?水喷到冠的身上,他回头看到你拿着水壶,就以为是你喷的。你不拿水壶他能误解你吗?在这件事上你生气、你较真,我问你,作为学生,来上学的主要任务是学习,你把学习搞好了吗?学习成绩落后,你怎么不生气、不较真?该较真的不较真,不该较真的瞎计较,我看你是太犯浑,太不辨是非!"

被我一通火力十足、机关枪般的"扫射"之后,东耷拉了脑袋,再不理直气壮了。

一旁的冠面露喜色。

"冠,从某种程度上来说,你是受害者,你很生气,是吗?"我的目光盯向了正兀自窃喜的冠。冠拿出一脸的无辜和期待我给他"伸冤"的眼神,点点头。

"你太小肚鸡肠!我问你,现在这么热的天气,那点水喷到身上,对你妨碍很大吗?"

冠摇摇头。

"是啊,那一点点水,根本就算不上事儿,完全可以忽略不计。可是对于无聊而小心眼的你来说,就成了头等大事!你就要不顾一切地反击,不顾一切地报复,不顾一切地较真!刚才我训东的那些话同样适用于你,学习成绩一直上不去,你怎么不较较真?你怎么不生气?"

被我一番"狂轰滥炸"之后,冠也耷拉下了脑袋,原先的那点喜色消失得无影无踪。

"哼,为个不算事的小事,不要命地厮打,恨不得置对方于死地,在班里闹出那么大的动静,影响那么恶劣,把老师和同学们都吓得不行,你俩还一个比一个生气!你们有生气的资格吗?你们好好想想吧,假如就因为这点鸡毛蒜皮的事情,你们当中的一个人被打伤了甚至打出了人命,会对谁有半点好处?真是闹到那一步,叫你们都傻眼!想想这件事的前因后果,你们荒唐不荒唐?无聊不无聊?愚蠢不愚蠢?算什么男子汉!"

我眼里冒火,怒视着东和冠,给他们来了个彻底的"火力全覆盖"。

从两人的眼睛里看得出来,他们都陷入了思索。

"伟,难道你还是幼儿园小孩的水平?马上初中毕业的人了,还喷水玩,真是无聊至极!别看你没有参与打架,他俩真打出了事,你也是逃脱不了责任的!这件事本来不大,但性质很恶劣!"我怎能放过对这个参与者的打击?

看看三人都彻底蔫了,我的主意也来了。"你们三个,每人写一份关于这件事的说明和反思,要详细记叙事情的起因、经过,必须有语言、动作、心理等描写,还要写出对此事处理结果的感想,不得少于600字,午读时间交给我!"

说明一下,初中作文主要是写记叙文,且一般要求600字左右。嘿嘿!

"此外,看你们充沛的精力无处可用,罚你们三个打扫卫生一星期!……对这个'判决'有没有异议?没有的话,我就要到班里宣布处理结果了。"

三人均表示没有异议,服从"判决"。

"回班!"

随后,我也走进教室,走上讲台:"现在我宣布一下昨天下午东和冠打架这个愚蠢事件的来龙去脉和'判决'结果,也给大家压压惊……"

有同学忍不住窃笑。

宣布完毕,我追问:"我说这是个'愚蠢的事件',大家怎么看?"

"确实愚蠢,这根本不是个事儿,不应该计较,更不应该大打出手。"

"他们俩太小心眼了。"

……

这七嘴八舌的议论,应该能对所有学生起到一定的警示和教育作用。

午读时,三个人一起来给我交事件说明和反思。我一看,东和冠都表示:一件小事,却被他们闹成了大事,归根结底是自己太无聊,没有把心思放在学习上,以后一定不会再犯这种愚蠢的错误了。而伟,则是很诚恳地检讨和责备了自己的无聊生事。

我白了他们一眼,说:"嗬,写得还不错嘛!认识上有了一定的高度,表达上夹叙夹议,字体也比往常工整——都比你们平时的作文水平高出了一大截嘛。看来,要想写好作文,还是要从身边、从自身取材呢。"三个人你瞅瞅我,我瞅瞅你,然后一齐瞅向我,不好意思地笑了。

"哎,你们俩之间不是还有着不共戴天的仇恨吗?"我望着东和冠。两个曾经的冤家对头互相对视一眼,"粉面含羞":"老师,我俩已经握手言和了。"

"这还差不多!通过这次事件,你们给我记住两点:一是与人相处要大度宽容,不要冲动;二是要记住一个写作的诀窍,那就是写记叙文最好写自己亲身经历的事情,这样才有话可说,有真情实感!"

本来,艺术就是源于生活,而生活中也是要讲究艺术的嘛……

断案记

自疫情过后,我们这个毕业班复学一个多月以来,每天都平静安宁,不起波澜,绝对可以称得上"全线无战事"。老师,学生,都在平静中咬牙准备着最后的冲刺。

我正暗自欢喜呢,事情就来了。

晨读时,昊走过来,小心翼翼地对我说:"老师,我想给你说件事。"

"好啊,说吧。"

"嗯……去外面说吧。"他小声示意我,那副神秘兮兮的样子,好像是有什么大事情或者大秘密告诉我。

我和他走到外面,他先把一只手伸到我面前:"老师,你看。"

我仔细看看,除了看到他手上有一个绿豆大的血痕之外,并没有其他什么异常。我不解地看着他:"我看不出太大的异常啊,到底是怎么回事?你说明白点。"

"老师,这伤是伟给我造成的。课间的时候,他推我,把我的手碰伤了……"

我有点好笑:这也能算得上"伤"?可是看昊的表情和架势,是想让我给他做主伸冤呢。联想到昊和"被告"伟平时的为人,我把伟叫出了教室——依我以往的经验,这点芝麻绿豆般的小事,尤其发生在男孩子身上,只要双方"当事人"把事情的来龙去脉、是非曲直说开就没事了。

走出教室的伟看到昊,微微有点吃惊。

我让他说说昊手上的伤是怎么回事。

伟红着脸说:"上体育课的时候,他抱着我,非要让我去打峰,我不去,他就狠劲推我。下课之后,我想到这个事情,心里有些不平,就动了他一下,随后我们俩打闹起来……"

"什么呀!你说的根本就不对,你看我的伤!"说着,昊又把带了一点点血痕的手伸了出来,一副受了天大委屈的模样。

伟涨红着脸,伸出了他的胳膊,嗫嚅着:"你也把我抓伤了嘛。"

果然,伟手臂上有三道伤痕,比昊的大多了。

"不是,根本就不是!老师,不信你去找峰问问。"昊简直有些迫不及待。峰是他的好朋友。

看看昊理直气壮而伟有些理屈词穷的模样,好像昊真的就是纯粹的"受害者"。但是,我又联想到了两人平时的为人。

昊是个聪明的孩子,只可惜从不把心思放在学习上,平时上课很少用心听讲,不肯好好写作业、偷偷玩手机、自习课说话等毛病没少犯。他不欺负同学,只是遇事特别爱计较、撒谎,他爸妈对他也十分宠溺。记得有一次,昊把扑克牌带到班里怂恿同学和他打扑克,我和他妈妈讲这件事时,他的妈妈还表现得很不以为意。

伟虽然学习成绩不好,平时寡言少语,不善表达,但他遵规守纪,是个老实的孩子。快三年了,他从没做过违反纪律的事情。尤其让我感动的是,这学期开学后,他一进教室,放下书包所做的第一件事就是自觉打开教室的后门——因为学校要求各班教室要勤开门开窗,多通风换气。

可是,看看两人在这件事上的表现:昊不依不饶,伟手足无措,好像伟就是彻头彻尾的"施害者"。我总感觉哪里不对，但又始终理不出个头绪。咳！一件小事，在反复纠缠中，"案情"反而扑朔迷离起来。

此时，恰巧浩走过来，拿着晨检表让我例行每天的签字。许是听出了两人的争执，他笑着对我说："老师，您让我做安全员，可是我管不了他们。特别是昊，体育课上硬是搂着推着伟，让他去打峰……"浩是个机灵又正直的孩子，所以我让他做了疫情防控期间负责制止学生打闹的安全员。

我听出了浩的意思：他分明是在为老实巴交的伟打抱不平。

我的思路开始清晰了："昊，你体育课上硬要伟去打峰，还抓伤了他的手臂；伟，你下了课看到手臂上的伤，怀着不平的心理又找昊打闹，致使他的手被擦破了一点。事情是这样的吧？"

"嗯，是的。"伟小声答道。

"可是，老师，他就是把我弄伤了嘛。"昊还要极力争执，脖子上的青筋都突出着。伟望望他，欲言又止。

我有点恼火：都是还剩一个多月就该毕业的人了，却还在纠缠这样的鸡毛蒜皮！

"你们俩，各打五十大板！男子汉，这个时候还为这样的小事斤斤计较，你们怎么不计较计较自己的成绩？"

想想昊依旧不服气"判决"的神情，我让他俩先回教室。

看来，我得再详细调查一下，找出"人证"，必须给出个孰是孰非的结论，让两人，尤其是昊心服口服才行啊。

随后，我分别叫出来好几位同学询问，有班干部，也有其他学生。

除一位同学表示不知情以外，其他的几位纷纷讲述了他们的所见所闻：体育课上，昊与峰打闹时打不过峰，就硬拉上老实巴交的伟去打峰。伟不干，昊就从背后搂着、推着他，其间还抓伤了伟的手臂。下课后，伟找到昊打了他一下。于是，两人又打闹起来，这期间，昊的手被碰出了一点伤。

最后，几位"证人"的口径惊人的一致：老师，你还不知道昊这个人嘛，他从来不肯吃一点亏，总是无理也要缠出三分理。何况，这次他还受了一点点小伤。

至此，真相大白。

我又把伟和昊叫出来，告诉他们：此事我已经彻底弄清楚了，你们俩都有责任，昊应该负有百分之七十的责任……

"可是，老师……"昊迫不及待地打断了我的话，还要继续纠缠下去。而伟则小声说："是的，老师，我知道课间不应该再去找他打闹了。"

看看昊依然一副颇为委屈的表情，我喝了一声："好了！昊，既然你仍不服气，那么就请你去写一份详细客观的事件说明，把我的判定也写出来。写好后交给你的家长看，如果家长也有异议，就让他们来学校找我。真不行的话，这件事可以交给政教处去解决；如果到政教处还不行，咱就交给派出所解决！我有一个要求：你写这个说明的时候，不能避重就轻，不能隐瞒对自己不利的事实！"

转过来，我同样对伟说："你也是！如果不服气，你也是这样！"

伟小声说："不用，我没啥。"

下午我刚到班，伟也到了。他一进班，照例默默地放下书包，打开教室的后门。想起他和昊的事，我问他："你和昊的事，后续有什么发展没有？"

"下课后，我去找昊道了歉，然后我俩就和好了。"伟轻声说。

"即使和好了，以后你俩也不要再玩闹了，马上就要毕业了，该把心思放哪儿要想明白点。"

"嗯。"伟轻声应道。

过了一会儿,昊也到班了。他放下书包,走到我跟前,依然小心翼翼地说:"老师,那件事情,已经解决了……"

"我已经知道了,是伟先向你道的歉。"我盯着昊的眼睛,口气柔和了很多,"明明是你先惹的事,你的责任居多,而你却不肯承认。何况,本来这就不算个事,而你却不依不饶,这真是荒唐。你这样较真到底想要个什么结果?对了,你家长对此怎么看?"

"嗯……我……没给家长看……"

"昊,我希望你从这件事上总结出一些经验教训,那就是:第一,为人很重要,你平时的为人就是对你自己所做事情的最好注解;第二,为人要诚实,要知道,周围人的眼睛是雪亮的;第三,自己惹出的事就要自己承担责任,想推卸是不可能的。我还要忠告你:男子汉,做事要大度、大气,把自己的专注点放在正事上,不要小肚鸡肠,总去纠缠那些微不足道的、歪门邪道的东西。"

"嗯,嗯。"昊频频点头,连声答应。

但愿临近毕业的昊,能够真的领悟到这次"案件"的教训以及我讲给他这番话的苦心。

老师，咱班有人打架

晚上，微信上接到一条信息："老师，今天放学后，咱班有人打架！是诚、涛，打得挺厉害的。"

是亚发来的。不等我回复，他又发来一条："起因是诚说涛骂他，他就跟涛动起手来，把涛打翻在地上，原过去给他们拉架，诚又锁住原的脖子，把他的脖子卡得红肿。我们都过去拉架，才把他们劝开了。"

我心里一惊，又是这个诚。

诚是八年级下学期插班到我班里的学生，学习成绩不好，人生得皮肤黝黑，身材高大壮实。他好动手动脚，跟人打架时曾夸下海口："不管你们怎么打我，我一点都不疼。"自入班以来，他可没少惹出来是是非非，导致他跟班里的男生之间就有了一些隔阂。于是，那些调皮的男孩子明里暗里都叫他的绰号"非洲人"——讽刺他长得黑，诚对此相当恼火和忌讳。这一次，是不是因为涛叫他的绰号了？

第二天早上，我一到班里，安排好早读，就把三个当事人叫出教室，询问情况。

我让涛先说。涛晃晃脑袋，略带委屈地瞅了我一眼，立马又把眼光转向了不远处的地面上："昨天放学的时候，不知道是谁叫诚的绰号，诚以为是我在叫,就把我摁倒在地上了。其实我没叫他。"

这个涛,因为学习成绩差,家长请假让他在外面上了半年学,他是这学期开学时刚入班的。

我示意诚说起因。诚比比划划地开口了:"昨天不知道是谁叫我的绰号,有人说是涛叫我,我信以为真了,就把他摁倒在地上。"

"也真是的,你不真正搞清楚是谁叫你绰号,就去动手打人?就算知道是谁叫的,你也不能动不动就打人啊!你应该告诉我,让我来处理。你忘了上次你跟同学动手,最后陪着人家去医院做检查的事了?"我看着诚,平静的语调里透出一丝责备。

诚连连点头认可,却又说:"老师,你不知道,涛嘴特别'臭',爱骂人。所以我怀疑确实是他叫我的绰号。"说着,还举出实例来佐证。

我转向涛:"是这样吗?"涛倒也诚实,看着我点点头。

"那么,涛你应该明白什么是'无风不起浪'了吧?为什么诚会怀疑你?是因为你平时爱骂人,让他对你有了成见。都是嘴'臭'惹的祸!你说说,经过这次教训,以后知不知道该怎么做了?"

"嗯,知道了。我以后管住自己的嘴,不再骂人了。"

"好!一定要说到做到。"说着,我转向诚:"但是,事实上这次涛并没有骂你,你却不分青红皂白把人家摁地上了。这算什么?"

"是的,我错了,老师,以后不会了。"诚态度很好,看起来是心悦诚服的样子。

"那好。以后你和涛要互相监督,谁发现对方先骂人,或者先动手了,都第一时间告诉我。看我怎样狠狠收拾他!"我同时看着这两人说。

俩人频频点头。

"摆平"了两个主要当事人,我扭过脸,示意因为劝架而被卡脖子的原说话。原跟诚站了个正对面,却不看对方一眼,垂着眼睛,说:"我看见他把涛摁地上了,就过去拉他们,不让他们打架。结果,他就用胳膊卡住我的脖子。到现在,我的脖子还挺疼的……"

"不,你还说'这是九一班'!"不等原说完,诚就气哼哼地插话了。看来,这是他心中的痛。我明白了,原他们打心眼里排斥诚这个半路插班来的学生,而诚也敏感地察觉到了这一点。

"诚,我还没让你说话呐!"我瞪了一眼诚。他连连点头:"是,是。"

我看着诚:"诚,原之所以说'这是九一班',我的理解是这样的——在他们刚入初中的时候,我就一再给他们强调,在这个班里,不允许有打架现象出现。他们都记在心里了。而那个时候,你不在这个班里,不知道有这样的渊源。"

"哦,那我理解的是,他排斥我,说我不是九一班的人。"诚挠挠脖颈说。

"他哪里会有那样的意思!我能看出来,他们早已把你当成自己同学了,是你自己小心眼了。男子汉,哪来那么多的小肚鸡肠!原,你说,你有排斥诚的意思吗?"我嗔怪地瞪了诚一眼后,紧紧地盯着原,用眼神示意他——这个时候,我得给他们和和稀泥。

原也挺有悟性,看看我,再看看诚,摇着头像模像样地说:"我没有那个意思啊。"

诚释然了:"哦,老师,是我错了。"他的脸上露出点孩子气的笑意。

"好!知道错了就要改正。你说,接下来打算怎么办?"我笑看着诚。

只见诚向前跨了一步,离原更近了些。立正站好后,他一边深深弯下腰给原鞠躬,嘴里一边连说"对不起"。

嘿嘿,这家伙,真是活络得很。

再看原,却并没有什么表示。我赶紧打圆场:"原,人家诚都给你赔礼道歉了,你总得有所表示吧?"原这才低声说了句"没关系"。

我看着诚："哦,对了。原的脖子被你卡得还疼着呢。你要站在他的角度理解一下他的心情,好意劝架却反倒被你打了,心里能一下子缓过劲来吗?"

"是的,是的。"诚还是连声答应。

"这次事件,鉴于诚认错态度良好,而且有误会在里面,我就不再过多追究啦。不过,通过这件事,我希望以后你们都要有所进步。诚,你一定要改掉好跟人动手动脚的毛病,因为这个不单是容易惹祸,还使得大家都很反感。毛病改掉得越早,你融入这个班集体就越早。涛,你要改正好骂人的毛病,否则就会让人觉得你修养差,因而看不起你、讨厌你,你会因此吃大亏的!这次被摁地上不就是一个证明吗?原,你的行为很值得肯定,维护了班级纪律,但以后要注意说话方式,千万不要因为表达不当而引起误会。"

几个人都纷纷点头答应。

我笑了:"胸怀广阔的男子汉,握手言和吧。"三个家伙都不好意思地笑了,三只手也握在了一起。

上午的第二节课刚结束,广播里就通知:"请九年级各班指派一名财产管理员到三楼会议室开会。"

做财产管理员其实是个操心活儿:每天都要操心放学后关灯、关空调、关窗锁门等琐事,还要最后一个走。我对以前的那位不太满意——他不是忘了关窗就是忘了关灯,想调换吧,又一直找不着合适的人选。我心里暗自犯嘀咕:"上九年级了,该叫谁做财产管理员合适呢?"

"老师!"诚举着手,看样子他有话要说。我示意他说话。

"老师,让我来做财产管理员好吗?"他一脸诚恳。

"嘿,对呀!说不定诚适合做这个工作呢,"我心里一亮,"先让他做一段时间,看看怎么样。"

　　我面露喜色："好样的，诚，我也觉得你挺适合做这个工作。你去开会吧。"

　　"好嘞！"诚答应一声，飞奔而去。

　　再后来的事实证明，我的决定也是正确的。好同别人动手动脚的诚，不仅收敛了不少这方面的毛病，更重要的是，他对自己的工作特别尽职尽责。

　　看来，那次处理他们的打架事件所带来的后续效果挺好呢。

好男又跟女生斗

课间操时间。我正和学生一起做操,又伸胳膊又踢腿地沉浸在有节奏的韵律当中。忽然听见有人大吼:"怎么了?你们说话我就不能管?"

定睛一瞅,原来是体育委员伟。他正朝着女生枫和琳的方向,狠瞪着一双眼睛,吼叫着表达自己的愤怒呢。

"怎么了?有什么大不了的,这么大吼大叫的。"我急忙走过去,让伟先安静下来。转过身,枫和琳便带着一脸的委屈,要向我解释。我示意她们随我到教室外面说。那边,伟的气还没消:"你再瞪我一眼?"

说实在话,这个枫的确是个问题女生,整天就像一匹野马似的,到处惹是生非,时时都恨不得把天捅破,比男生都调皮。我好说歹说地跟她磨了快两年,才使她温顺了些。而伟呢,就是跟枫犯冲,他一见枫就眼红,气就不打一处来。此前,伟就曾经跟她交过手。说来也好笑,真是一物降一物,枫一见他倒是有点怯怯的。也好,我可以趁这个机会再磨磨枫的毛病。

听了枫和琳的讲述,我明白了事情的原委。原来,早自习的时候,朵跟我说,她想好好学习,希望我能给她调换一下座位,让她跟琳坐同桌。刚才,她是趁站在琳身后的机会,小声问她关于调座位的意见,刚说了一句就被伟发现了。

"伟制止你们说话的做法没错吧？只是态度粗暴了一点而已。你们想了吗,他为什么那么气愤?"

"因为我们俩说话了。"琳很乖觉。枫则垂着眼帘,一言不发,满脸不高兴。

"对,这是一个原因。还有一个原因,这个原因跟琳没有关系,是因为枫。"我盯着枫,继续说,"我早就对你说过,你整天闹闹嚷嚷,惹是生非,让许多男生都很反感,包括伟在内。你们假想一下,如果换成别的女生说话,伟会不会反应那么激烈?"

琳想了想,摇头道:"不会。"枫还是一言不发。

"琳,你先回教室吧,没你的事了。"

"好。"琳一脸轻松地回教室了。

我开始数落枫:"我提醒你多少次了？不要天天疯跑打闹,没有一点女生的安静和文雅。你已经引起了不少男同学的反感……"枫其实很在乎男生对她的看法。我今天就是要戳戳她的痛处。

"从伟对你的粗暴态度能看出来,他的确很反感你。据我了解,咱们班许多男生对你都有点意见。如果你再不改掉自己的毛病,我都担心,将来毕业以后他们会不认你这个初中同学,甚至会看不起你……你想过吗?该怎样重新树立自己的良好形象?"

枫垂着眼睑一言不发。看她的神色,好似陷入了沉思。

停了一会儿,我继续说:"我来告诉你该怎么做——上课安安静静地听讲,下课安安静静地休息,不到处乱跑,不跟人打闹,不大声喊叫……"

"嗯,知道了。"枫抬起头看看我,点点头,好像有点听进去了。

我让她回教室,接着又把伟叫出来:"你今天制止她们两个说话是对的,但是方式可不太好啊。"

"我就烦那个枫,光想打她!"伟拧巴着眉头,一脸的厌恶神色。

"烦她,也得注意工作方式。你想过没有,你跟她那么一来一往地吵,哪还像个男子汉了? 本来你的立场是对的,可这么一吼一叫,结果就完全不一样了,显得你很小家子气,还破坏了班级的氛围。不管事情的责任在谁,旁观者都会各给你们五十大板。再说了,好男不跟女斗。如果真的打她,你自己的光辉形象将被彻底毁掉。"

伟挠挠后脑勺,不好意思地笑了。

"做班干部一定要讲究方法,不能蛮干。将来走上社会也是这样的,注意说话、做事的方式方法,这样你才不至于吃亏栽跟头。"

"嘿嘿,我知道了,老师。以后我一定注意说话和工作的艺术性。"伟又恢复了往常那种笑嘻嘻的神情,和刚才那个脸红脖子粗的他已经是判若两人啦!

暖心篇

　　我牵起你的手，只为引导你年少的心灵走过泥泞，拥抱阳光；而你，一双黑亮的眸子笑看着我，以你稚嫩的掌心温暖了我的世界。

运动场上

各种激烈的运动比赛相继宣告结束,此起彼伏的加油声渐渐消失,曾经沸腾不已的运动场开始安静下来了——全校一年一度的秋季运动会即将结束。

这时,只听见广播里宣布:"下面举行全校教工表演赛,是一分钟踢毽子。请全体同学坐在看台上观看,不要到运动场上去。"

"噢!"运动场上又一次沸腾了,学生们又一次群情激昂起来。是的,他们都迫切地想看到自己的老师上场参加比赛的身影。

比赛开始了。

每当有老师上场,都会引起看台上的学生们一次或大或小的轰动和或高或低的加油声。那些被喊加油的老师心里肯定是自豪的,因为这完全可以从他们脸上洋溢着的笑容看出来。

该我上场了。

突然,看台上一阵骚动,一群学生从看台上跑了下来——是我班里的学生!

他们不顾一切地冲到我的面前,七嘴八舌地喊道:"老师,我们来为你加油!"脸上满是兴奋和自豪。有几个孩子还拿出手机,扎好架势,准备给我拍照。

居然没有人来阻止他们,更没有人呵斥他们的行为。

来不及说什么,比赛开始了。我对他们挥挥拳头,绽开一个灿烂的笑容之后,长吸一口气,加入了比赛的行列。在孩子们一阵高过一阵的"加油"声中,键子在我的脚上上下翻飞,竟然一直不曾落地!有老师开始赞叹我踢键子的技术了,我也为自己感到吃惊:平时踢得并没有这么好啊,今天怎么会如此超常发挥?

稍稍一想,我就明白了,那是源于我的学生们给了我力量啊!

一分钟时间到了,我总共踢了 81 个呢,属于优秀等级。

"哇,李老师太棒了!"孩子们兴奋得纷纷蹦了起来,他们跳跃着,欢呼着,互相击掌表示庆祝。那神情,好似是他们自己获了大奖一样自豪甜蜜。之后,像是听到了统一行动的口令一样,他们一齐雀跃着,跑回了看台上,在自己的位置上坐下来。

目睹了这一切之后,周围有众多老师纷纷向我投来羡慕的眼神。有几位老师问我:"真是服了你了!学生们入校才两个月呀,怎么就会跟你这么亲?"

是啊,这是为什么?

心中暗暗自豪的同时,我的脑海里浮现出我与孩子们一起度过的分分秒秒,那一个个生动的场景——

刚入校时,他们带着新奇和胆怯来到教室里。我面上含笑,亲切地告诉他们:"孩子们,从今天开始,你们已经是一名中学生了!我是你们的班主任。今后,我们大家将会朝夕相伴,像一家人一样,一起度过美好的三年初中时光……"听完我的一番话,我看到孩子们的眼睛里明显闪烁着热切、兴奋的光亮。

正式上课之前要军训。有些孩子吃不了军训的苦,有点动摇,想回家。我就一遍遍鼓励他们要咬牙坚持,坚持就是胜利。然后,在训练场上,我不离左右地陪伴着他们,注视着他们,安慰着他们,直至军训圆满结束。

课堂上,我会或微笑或风趣或严肃地给他们讲授那些他们不曾知道的知识,神采飞扬地和他们一起互动、探讨、交流。在学习的过程中,我会真诚地表扬他们,也会委婉地指出他们的不足。自习课上,他们埋头读书或写作业时,偶尔会抬起头看一看,往往就会遇上我亲切的目光——我知道,这些看似小小的举动,却可以让他们如航船一般鼓风扬帆,增加无穷的动力。

当孩子们之间有了矛盾纠纷时,我往往会用平和而艺术的方式,劝说责任多的一方给对方赔礼道歉,之后再让两人握手言和;当哪个孩子犯错误时,我极少公开批评,往往是私下里单独和他谈,而且给他的批评背后往往会包含关切、痛心、鼓励的意味,让他意识到,我是关心他爱护他,对他有着期望的……

我还力求树立自己在学生们心目中的美好形象:一位修养良好、知识渊博、令他们佩服的老师,而非一名普通教师;一位智慧、富有个性的引路人,而非一位唠唠叨叨的"大妈式"班主任;一位知心开明、公平公正的管理者,而非信奉强权主义的"统治者",或者办法不多、俗不可耐的平庸者……

其实,说到底,是我首先真诚地爱着他们,其次是充分运用智慧——爱与智慧便是我开启孩子们心灵的钥匙,使我和孩子们彼此接近的密码。

放学后

放学后，我刚走出教室，就看到帆和硕正在走廊的不远处打闹。只见高大壮实的帆搂着瘦小的硕的脖子，正狠狠地往下按压，旁边是我班的几个男生在哄笑着围观。我吓了一跳，连忙一边大声喝止他们一边快步走过去。

帆一下子松开手，回头看看我，笑了："没事，老师。"

硕也直起身来，抖抖脑袋，拽拽衣服，看着我笑说："我们闹着玩呢。"

"太粗暴了！这也叫闹着玩？万一出了事你们就不玩了！对自己的好兄弟怎么能这样呢？"我嗔怪道。

"老师，你不知道，硕老是犯贱，我们教训一下他。"旁边那几个围观的男生嚷道。

"教训也要讲究教训的艺术嘛，哪能这么简单粗暴？何况，人家硕在你们里面年龄最小，个子最矮，我怎么看都觉得你们这是欺负弱小。"我看看瘦小单薄的硕，又看看那几个人高马大的家伙。

他们都不作声了。我接着数落："没放学的时候，你们盼着放学；现在放学了，又不肯走了。这是啥毛病？别贪玩，赶紧回家吧。"又嘱咐了他们几句之后，我下楼去了趟办公室，放下课本等东西，走出办公室，走向校门。

走出校门不远，听见背后好像有人喊："老师……"我想，也许是错觉吧。也不回头，只管往前走。

突然，一个人从后面追上来，跟我走了个并排。我一看，是硕。

"是硕啊，你怎么还没回家？"

"正往家走呢，看见你了。看，帆他们也来了。"硕怀里抱着个篮球笑眯眯地挨着我，边说边给我向不远处指了指。

"嗨！老师，我们也在这儿呢。"

我扭头一看，还是刚才帆他们那一帮人。

几个人一边给我招手，一边快步跑过来，笑嘻嘻地围在我身边。

于是，我在他们的簇拥下，边闲聊边往前走。走到路口，他们问我："老师，你往哪个方向去？"

"我先去那边买几个馒头，然后再回家。"我给他们指了指方向。

"那，我们陪老师去吧？反正也没啥事。"帆提议。

"对，老师，我们陪你去吧。"几个人热热闹闹地响应。

我很理解他们的内心：因为平时本就与我亲近，所以能和我一起走走路，对于他们来说，是件很开心的事。对我来说也是如此。我没有推却，爽快地答应："好，走吧！"走了几步，看看左右这几位保镖似的围在我身边的男子汉，我笑了："嘿，我这买个馒头，场面也真够大的。"

就这样，在几个男孩子的前呼后拥下，我们这支队伍浩浩荡荡地向馒头铺开过去。此时，我心里那个甜呐，那个自豪哇，简直不亚于是被仪仗队簇拥着！

馒头铺快到了。我说："这会儿你们肯定都饿了，我请你们吃包子。"前不久，我就亲眼瞧见帆在这家铺子里买包子吃。

"不了，老师，我们不饿。我们得去那边了。老师再见！"不由分说，一哄而散，简直像玩快闪！

这帮可爱的小鬼头啊！

老师，我送你回家

冬至,学校给老师们发放了饺子。晚上放学后,我拎起饺子要回家的时候,才发现问题来了:学校离我家有两公里的路程,而我是走路上班的。要是拎着这包重重的东西走回家,可真够我受的。

这给我出了个不大不小的难题。站在学校传达室的门口,我犹豫起来。

"老师,您怎么还没回家?"

我扭头一看,是班里的学生豪。

"咳,这包饺子有点重。我在想该怎么把它们运回家呢。"我说。

"您的家在哪儿,老师? 我去送你。我骑自行车,刚好前面带有车筐。"

"别,别。我家在中原路上,你家在哪儿? 离得远了可不行。"

"我家离你家不远,咱俩刚好是一个方向,走吧。"不由分说,豪搬起那包饺子就走。

刚走出校门,就遇见我们班的另外几个男同学,是帆他们几个。"嘿,豪,你怎么跟老师一块儿走了? 你搬的什么东西?"几个人的脸上颇带了点艳羡的神色。

"是老师的饺子,太重了。我准备用自行车驮着,送老师回家。"豪很有些得意之色。

"那你去推车,让我先替老师搬一会儿。"帆一边说,一边强行夺过那包饺子。高大健壮的帆把饺子稳稳地托在双臂上,用双手紧紧地揽住上边——那架势,不啻于捧了个国宝。我则被几个男孩子簇拥着,我们说说笑笑地往前走。

走到路口,豪已经推着自行车在那里等我们了。帆小心翼翼地把饺子放在车筐里,又轻轻地左右晃动几下,发现饺子确实被安置稳妥了,这才一本正经地拍着豪的肩膀,说道:"小心点啊,别让老师的饺子磕着碰着了。否则,我可拿你是问。"大家都哄笑起来。

我哈哈大笑:"没那么严重吧。"

"老师,再见。"几个男孩子调皮地笑着向我挥挥手,跑开了。

"过路口了,小心点!"我大声说。眼看着他们渐跑渐远、生龙活虎的身影,我的心里甜蜜蜜,暖洋洋。

剩我和豪两个人了。豪一边走,一边和我谈论起班里的人和事。听他说得滔滔不绝,头头是道,我不由得感叹:"豪,你的思想好深刻啊,没想到,你对班里的事看得这么透彻。"

我家到了。豪小心地取出饺子,递给我说:"老师,你小心点啊。我回去了。"

我问:"离你家不远了吧?"

豪露出一脸诡谲得意的笑:"我家不在这附近,在相反的方向呢,我是想送您才骗您的。老师再见!"说罢,他向我一挥手,翻身骑上自行车,便往我们来时的方向疾驰而去。尽管才是十三四岁的孩子,却带着一股男子汉的英气。

"路上慢点!"我大声喊道。

我这个班主任,好幸福啊!

临时生日班会

周五下午第三节课的上课铃声还没响,我就到了教室门口,准备带学生一起召开例行的班会。

准备踏入教室时,我发现班里的几位男同学正站在走廊上,一齐挤眉弄眼地对着我笑,神情有点诡秘。我笑看着他们:"怎么,不是谁又想同我要什么花招吧?"他们大笑,有人还喊道:"对,对,是有人想耍花招!"我笑着向他们挥挥手:"都给我回教室吧,听听我的训话就不想耍花招了。"

走进教室,正站在讲台上讨论着什么的一帮女同学看见我进来,"哇"的一声,边笑边散开了。我心里有些纳闷:今天这是怎么啦? 都有点反常!

这时,上课铃响了。我定睛一看,啊? 只见讲台上放了一个超大的水果蛋糕! 旁边还有一盒巧克力糖。这是怎么回事?

"老师,生日快乐!"学生们齐声喊道。

我一愣,凝神细想,这才记起来,哦,的确不错,今天是我的生日。可是,学生们是怎么知道的? 要知道,我平时是很反对学生为老师过生日的。

我不解:"你们怎么知道我过生日?"从他们七嘴八舌的回答中,我才听明白了事情的原委:原来,学校每个月都为这个月份出生的老师过集体生日,名单及生日日期都会发公开通知。上午,学生们从学校通知过生日的老师名单中看到了我的生日日期,于是便私下里一合计,凑钱定制了蛋糕,买了巧克力,要为我过生日!

这帮可爱又暖心的孩子啊!我陷入了深深的感动之中。

同时,我的大脑里进行着迅速的思考:一定不能辜负孩子们的一片心意,要让这个生日过得有意义,要让每个同学都感受到这个班集体的温暖和我对他们的深情,让他们感受到同学间的真诚友谊,增强班级凝聚力,进一步增进师生间的感情。一个念头冒了出来:临时改变班会主题,这节课,带领大家一起吃蛋糕,过一个集体生日,开一场特殊的班会!

我说:"同学们,咱们的班级是一个团结向上的班集体,你们正直、善良、重情义,能够做你们的老师,我很自豪,很幸运。今天大家的举动使我非常感动和幸福……"说着,我的眼睛有些湿润了,"咳,自己人,客气话、抒情话就不多说了,择日不如撞日,这节课,咱们全班过一个集体生日。下面开始吃巧克力,吃蛋糕!"

我开心地笑着挥挥手,开始动手拆巧克力。

学生们大声喊:"老师,别拆了!巧克力您留着自己吃吧,那是专门为您买的!"我笑着说:"不,我要同大家一起分享,咱们有福共享,有难同当嘛。"惹得大家都哈哈笑起来。

分发完巧克力,我点燃了蜡烛。学生们齐声喊着让我许愿,我说:"好,我要大声说出我的愿望——但愿我们这个班集体相亲相爱,大家永远都是好朋友;但愿我的学生们都考上理想的高中,将来成长为国家的栋梁之材!"

在一片欢呼声中,几位女同学帮我切蛋糕、分发蛋糕。有几个女同学有点害羞不敢放开吃,我看着她们大声说:"今天,每个人都得吃我们这幸福的蛋糕啊！我要喂那些怕羞的同学吃蛋糕！"

"老师,我也害羞啊!"调皮的岳强大声喊道。在一片哗笑声中,我来到了岳强面前,喂了他一口,我说:"怎么样,幸福吧?"他闭上眼睛做出一副陶醉状说:"老师,真幸福啊!"突然,说时迟那时快,这个淘气包以迅雷不及掩耳之势将手里的一团奶油一把抹在了我的脸上,然后跟大家一起开心地大笑着喊:"李老师,生日快乐!"

几位女同学赶快手忙脚乱地帮我擦脸,我指着岳强说:"好你个岳强,小心我回头利用职务之便收拾你!"

……

一片欢声笑语中,我们的临时生日班会结束了。我知道,这场活动,不仅增进了师生间的感情,活跃了班级的气氛,提高了学生们的情商,更重要的是,给孩子们的初中生活,也给我,留下了一个无比美好的记忆。

我们一起去远足

清明节前夕,学校安排八年级学生徒步去烈士陵园扫墓,来回路程共计有 14 公里。

我一在班里宣布这个消息,教室里就"炸锅"了:"哦,太好了,太好了!老师,你也和我们一起走路去吗?"他们知道,我已经是年近半百的"高龄班主任"了。

"当然了!我们一起去远足!"我得意地说。

"真的?太好了!耶!"欢声雷动。

"老师,都需要带什么呀?"

"老师,戴不戴红领巾?"

……

真是一群叽叽喳喳的小鸟。

第二天早上七点,我们准时在校园里集合。学生们看见我,大叫:"老师,你穿这身运动服真好看!"

"是吗?"我伸开两臂,左右打量了一下自己,开心得不行。

"是的,老师,可好看了。"几个孩子笑望着我。

冷不防,伟一把拽过我的双肩包就挎到了自个儿的胸前,然后看着我,得意地笑。硕在一旁鸣不平:"伟,这可不行啊,老师的包得让大家轮流背。"

上路了。偶尔有人偏离了队伍,因为我事先已经有安排,伟、帆、硕几个人便像模像样地大声提示:"走到队伍里,注意安全!"

江趁机和我并排而行,滔滔不绝地占据着"话语权",跟我聊读书,聊网络科技,聊西藏的美……那文质彬彬而又笑容可掬的模样,真像个绅士。要知道,刚上初中时,这个家伙死活闹着不愿上学,非要躲在家里玩游戏呢,把他的爸妈愁得什么似的。

走着走着,太阳越来越晒。我拿出遮阳帽准备戴上,调皮的慧就没大没小地跟我打趣:"老师,难得晒一次太阳,您就别戴帽子啦。晒一晒更健康呢,补钙。"

不知从什么时候起,硕终于争取到了替我背包的"权利"。一旦有人向他提出应该轮换着背时,他就会把背包往胸前一拎,双手紧紧搂定,身子往一边一扭一侧,眼睛紧盯着试图跟他争夺"背包权"的人:"不,不!"

为了减轻硕的负担,我拿出背包里的零食分给他们吃,刚才还围在我身边的一群人,"哗"一下就散开了:"不用了,老师。我们自己带了。"我抓住硕,非要让他吃一个。硕看着实在推脱不过,才腼腆地接过来。过一会儿,就递给我一块巧克力:"老师,您尝尝,这种巧克力很好吃。"

……

这一路上,没有一个人随手乱丢垃圾,没有一个人惹是生非、不守纪律。所有的孩子都精神振奋,所有的孩子都文明礼貌,所有的孩子都成熟懂事,一扫课堂上的萎靡不振,调皮捣蛋。真是一个赛一个可爱,可爱得让你的心都要融化了。我怎会没有信心和他们一起走完这14公里的路程呢?

走进烈士陵园,一群叽叽喳喳的鸟儿马上安静下来了,并没有人提示他们。

因为来扫墓的单位和人员很多,学校指挥全年级同学排成方队等候。没有人喊累,没有人乱动,没有人说笑。每人手里擎着一朵白菊花,静静地站立成整齐的队伍,庄严肃穆写在每一个人的脸上。

该为烈士擦拭墓碑了,孩子们一边低声和我讨论英雄们的事迹,一边用心地擦拭英雄们墓碑上的灰尘。那认真专注的样子,让我心里一阵又一阵地感动。

返程的路上,我走在队尾以压阵。忽然,听见几个女孩子同时问道:"李老师呢?"一边说,一边东张西望地找我。我赶快紧走几步,一边出现在她们眼前,一边应道:"我在这儿呢。放心吧,我不会丢下你们不管的!"

"嘿嘿!"几个女生望着我,会意地笑了。

回到学校时,我的双腿酸痛,膝盖也疼痛得厉害,简直有些难以支撑,但跟孩子们挥手说再见时,心里却依旧很温暖。是啊,跟这些孩子在一起,心理上年轻了,性格上更活泼了,身体有活力了,由不得你不来个"老夫聊发少年狂",斗志昂扬地和他们一起去远足呢。

这，也是教育

周一上午，大课间时间。我拿了一卷海报，在校园里东瞅瞅，西看看，思量着把这几张海报贴在哪里合适。

"老师，你在干吗呀？"玮、帆和硕连蹦带跳地跑过来，笑嘻嘻地来到我跟前。

"我想看看把这几张海报贴哪里比较好。"

"来，老师，我们帮你贴。"三个人不由分说，把我手里的海报、胶带、剪刀都抢走了。

我们一起选好了一个地方后，他们三个人开始忙活起来：两人负责撕下海报背面的薄膜，小心地对齐上下左右的位置，一点点往墙上贴。剩下一人负责给他们目测高低正斜："往右来，对，对。哎哎，过了，再向左来一点点，好了，好了。左边再向上来一点点。好，可以贴了！"我呢，只负责做了个场外指导。

贴好了海报，我说："干得很漂亮！好了，你们去玩儿吧。"

"老师，还有没有其他事情要我们帮你做？"硕凑过来问我。这个小家伙，年龄比其他学生都小一岁，除了不爱学习、纪律不够好之外，实在是单纯可爱得很，有什么心事就给我讲，每次一见到我，就笑眯眯地偎在我旁边,像只温顺的小猫咪。

我一想,的确是有事情需要帮忙——还有七、八年级的硬笔书法优秀作品需要展出呢,这可是一项不小的"工程"。

"是需要帮忙呢,但这会儿很快要上课了……"我沉吟着。

"没关系的,老师,第三节是微机课,不重要。我们去跟老师请个假就过来给你帮忙。"

"不用你们去请假,我给微机老师说说吧,这样显得你们这个假请得特别理直气壮。"三个人顿时眉开眼笑。

给微机老师打过电话后,三人就像我的小跟班似的,雄赳赳气昂昂地随我在校园里"考察"哪些展板适合粘贴书法作品。考察妥当之后,我们到办公室商议"粘贴方案"。在这几个机灵鬼的参谋下,书法作品"粘贴方案"很快妥妥地出炉,然后就该按照方案行动了。

我们先把两张白纸平铺在地上,准备把书法作品排列整齐,再用双面胶粘贴在白纸上面,然后把粘贴好书法作品的白纸再粘贴在展板上,这样既整齐又美观。

三个人不让我插手。他们跪在地板上,比比划划地看怎么贴才好。比划好之后,一人负责提供双面胶,一人负责把双面胶贴在书法纸的四角,一人负责把书法纸粘贴在白纸上——活脱脱一个流水生产线。他们一个比一个认真:提供双面胶的把胶带剪得长短几乎一致,贴书法纸四角的贴得整整齐齐。往白纸上贴书法纸的玮更是认真:时而蹲在地上,时而单膝跪在白纸上,左端详右端详,小心翼翼,直至把一张张书法纸贴得端端正正才罢休。那架势,像是在绣花。

正在忙活,同办公室的几位老师回来了。一看我们这阵势,赞不绝口:"李老师,你的学生们怎么这么好啊。你看干得多么认真,多么用心。"

帆有点脸红了,不好意思地小声笑说:"只是,我们的学习成绩不好。"

"那又能怎么样呢? 首先你们是好孩子,又这么文明礼貌,聪明能干,这是最重要的,是立身之本呢。"绮彦老师热情洋溢。

真是感谢我亲爱的同行们,只要看见学生,她们的爱就迸发出来了。

这么一来,三个孩子做得更认真了。

第一道工序完成后,三个孩子小心翼翼地拿着自己的劳动成果,来到展板前。一看展板上面有层灰,玮飞奔而去——到教室拿抹布去了。

把展板擦得干干净净之后,他们就着手往上粘贴。很快,两个大展板便焕然一新:打印在粉色纸上的"第六届优秀书法作品展"几个黑色隶书字被分别贴在两块展板上,一张张书写美观的硬笔书法作品被端端正正地张贴在上面,一眼望去,煞是整齐、美观。

我们站在那里,心满意足地端详了好一会儿。

这时,下课铃响了,马上就有学生过来围观书法展。豪看见我们,也飞奔过来。我让他们把展板抬到开阔的地方去,便于学生们观看。四个人分作两拨,两人抬一个展板。本来挺重的不锈钢展板栏,在几个小小男子汉的手臂上却变得轻飘飘起来。

该上课了,他们几个和我道了再见,往教室跑去。望着他们可爱的背影,我想:我的这些学生们啊,尽管成绩不好,但他们有正直向上的心,他们懂得美丑善恶、是非曲直,更有动手做事的智慧和能力。那么,我们今天在他们的心灵上留下初中时代的美好记忆,将来的他们,也定会是一个个懂得感恩和回报、能够给社会做贡献的建设者。这,不也是教育吗?

老师，我来替你管他们

周五下午。

看到任课老师去教室上课了，我就回了办公室，打开电脑，准备写一个关于语文学科节的简报，再把相关照片整理一下。一周以来，我带领语文组的老师们紧锣密鼓地举办了个"语文学科节"：硬笔书法比赛、主题征文比赛、主题演讲比赛、传统经典朗诵比赛……眼看一阵忙碌和紧张过后，学科节即将顺利结束。

刚打了百十来个字，电话响了。

"李老师，你们班有三个学生在厕所里抽烟，现在在政教处。其中一个学生浑身发抖，说是很难受……"

我急忙往政教处跑。迎面碰上亚和帆。两人都是一头汗水，一脸焦急，气喘吁吁。

"老师，耀、硕和森他们三个被政教处老师抓住了……"

"我知道了，现在正要去看看他们是怎么回事。"我边走边急匆匆地说道。

一进政教处的门，便看到硕和森站在那里，一脸的恐惧和沉重。耀则坐在沙发上，身子不住地发抖，脸色发白。政教主任和校医小刘正守在他身旁。

"怎么会是这个样子？赶快先去医院看看吧！"我不假思索，也顾不上许多了。

"不用了，老师，我现在好多了，再过会儿就没事了。"耀一边弱弱地说，一边微微抬起头，眼睛却不敢看我。

政教主任和小刘告诉我："已经通知过他的家长了，家长说很快过来。先让他坐在这里，喝点水，观察一下再说吧。"

我这才知道了事情的原委：耀带了一包香烟在厕所里抽，看见森，就让他也抽了一口。正在这时，硕来了，也要求抽一口，耀就递给了他。恰在此时，政教处老师把他们抓了个正着……

这个耀，平时在我面前的表现一贯很好，既懂事又有礼貌。这次的期中考试他还在年级里进步了将近 70 名呢，可是……

"李老师在这里吗？"我一看，是学校的保安师傅。

"李老师，大门口有个人说是你们班的学生家长，他也不说清是来干什么的就想进学校。我们不让进，他就大喊大叫，跟咱们值班的一个保安师傅吵起来了。你去看一下吧。"

我快步走到大门口，原来是耀的爸爸，还在那里不住地吵嚷。我连忙阻止他："人家保安师傅不让外人随便进学校，是学校对他们的职责要求，你怎么能跟人家吵架啊！"

这边，我让保安师傅开门让他进来。耀的爸爸一边走一边还在嘟嘟嚷嚷表达对保安师傅的不满。我说他："这几位师傅为人都是很好的，平时我们老师对他们很尊重，他们也很尊重老师们。再说了，人家认真负责正是为了保护孩子的安全……不要再说了，先处理孩子的事情吧。"

接着，我给他讲明了事情的前因后果，在这点上，耀的爸爸倒是很清醒："这孩子，他一直跟我说他不会抽烟！我看他发抖不是因为别的，是被发现后害怕了！没事，老师，我平时管他很严，肯定是他一听说我要来，被吓得发抖了。"

果然，耀看见他的爸爸，吓得不敢抬头。

弄清了事情的原委后，气恼之下，耀的爸爸当即把他带回家去反省了。

嘱咐过这对父子之后，我返回政教处，森和硕两个人已经趴在那里写反思了。我的电话急促地响起来，是森的家长："老师，我们太忙了，去不了学校，你就看着处理吧。等我们忙完回家了再教育他……"

刚把他的电话挂掉，硕的家长又来电话了……

我有些口干舌燥，筋疲力尽。好在政教处主任是个很智慧也很体谅班主任的人，他劝我先去办公室休息一下，他会根据我的意见处理这件事的。

跨出政教处的门，一眼看见亚和帆在外面站着，我一愣："你们俩又怎么了？"

"我俩没事，老师。就是感觉你今天的事情实在太多了，刚好这节是自习课，我俩想看看能帮你做点什么。"亚是个机灵鬼儿。

我心里一热。

两个人跟随着我到了办公室，我让他们坐在我旁边的沙发上，自己则一声叹息，颓然坐在椅子上，默然无语——真是有点心力交瘁。

"我感觉吧，他们几个人也确实太不像话了！"亚一副小大人的模样。但我什么都不想说。

沉寂了两分钟，两人小心翼翼地说："老师，今天的事是不是让你对他们特别失望？"

"怎么说呢？平时这三个人在我跟前都挺乖的。何况森在学习上进步那么大，已经是班里的第三名了，耀也在年级里进步了70名。我正对他们充满期待呢，没想到，他们却做出了这样的事情……唉，太费心，我真是不想做这个班主任了。"我的头有些痛。

"别，别，老师，你千万不能不做我们的班主任！"两个人异口同声。

"真是太累了！"我紧锁眉头。

"老师，这样吧，我来替你管，他们几个人都比较听我的话。以后，他们几个就交给我了，不用你再这么费心了！"亚望着我，一脸庄重。

"真的？"我看着亚的眼睛，有点不敢相信自己的耳朵。

"亚是个有担当有责任心的人呢。"帆在一边笑着强调。

"如果你真能替我管他们，那就太好了，这会减轻我很多负担的！我该怎么表达我的心情呢？来，握个手吧。"我笑着伸出右手。

"嗯？"亚先是一愣，随后赶紧把手在衣服上反反复复蹭了几遍之后，才伸出来，郑重地握住了我的手。能看出来，他有点手足无措，更有着一诺千金的庄重："老师，放心吧，我一定替你管好他们！"

正在这时，电话铃又响起来，是给七年级同学讲经典传统文化的专家到了，需要我去大门口迎接一下。

"老师，你先在这儿休息，我俩替你去迎接专家。"说着，亚和帆站了起来，亚还指点着帆让他把衣服扣子扣上："咱俩要代表李老师去迎接专家，不能给老师丢脸啊！"

不一会儿，专家来了，一见我就赞不绝口："李老师，这是你们班的学生吧？多好的孩子，特别懂事。"我看着亚和帆，自豪地笑了。

下课的铃声响了，接下来这节课，该我去班里辅导了。亚和帆就陪我一起向班里走去。

安排好学生放学后，我刚要往楼下走，亚和帆笑着站在了我跟前。亚有点急切地对我说："老师，我想好了。以后我主要替你管住耀、硕、森这几个人，绝对不让他们再抽一次烟，再出一件让你烦心的事儿。"

我一时有点不知道该说什么了，呆了一下，只是望着他们笑，然后说了句："真是好孩子！"

走出校门，感觉一阵阵疲累袭上来，拖着有些沉重的步子往家走。没走多远，又有两个学生蹦到我跟前："嗨，老师！"是迪和帆，站在我面前看着我笑。

"老师，我俩陪你走一段路。"

"好啊，走吧。"我笑说道。

"老师，你别再心烦了，亚专门制定了一个管理他们几个人的计划，我也帮助他去管他们几个。"帆说。

"老师，下一次考试我争取有更大的进步！"迪雄赳赳地说。这个迪，近段时间以来，一改以往的马虎贪玩，开始如饥似渴地学习，这次期中考试，他在年级里进步了253名呢。

"好，好，都是我的好孩子！"我顿感心里轻松了许多。

走到路口，他们和我说了"再见"后，我就独自一人往家走。手机响了。

"老师，我是森，我给您说一下今天的事情结果。政教主任说，因为您一直跟他说我在班里表现挺好的，成绩也不错，他决定再给我一次机会，让我好好写一份反思，让家长签个意见，然后交给您看。刚才亚也给我打电话说我了。老师，您放心，今后我一定改正毛病，好好学习。"

我心里一阵欣慰，又语重心长地嘱咐了他几句话，他连连答应。

没过几分钟，手机又响了，是耀用他妈妈的手机给我发来了微信："李老师，对不起，我错了，这次我真的知道自己错了，辜负了您对我的期望，请您原谅！回家后，爸爸妈妈严厉地批评了我，教导我作为一名学生，要把学习搞好，要尊敬老师，团结同学，遵守学校纪律。可是，因为这次吸烟的事情，违反了学校的纪律，让我亲爱的爸爸妈妈、敬爱的老师都失望了,也给您丢脸了。李老师,您在我心目中是一位德高望重的老师,我却把您对我的关爱不放在心上,反而更放纵自己,我恳请您原谅我,相信我,我一定改正错误!今后把学习搞好,改掉身上的缺点,再次说声对不起!您的学生:耀。"紧随其后,耀又发来一段语音和他写好的悔过书的照片。

接着,硕的电话来了:"老师,我错了,不该学抽烟。亚说,让我给您打电话道歉……"硕这个孩子,尽管调皮又不爱学习,但是一直跟我很亲近。

我的心,又一次被融化了,彻底地……

班主任缺席的运动会

我宣布学校将于 10 月初举行秋季运动会的时候,班里起了一阵不小的骚动。这帮活泼好动的孩子,早就期盼着这个施展本领、放松身心的日子了。

不巧的是,恰逢这个时间我有一项外出培训的任务。这意味着,这个运动会,班主任要缺席了。这可怎么办?

我几次想告诉学生们,可是,看着他们兴奋的神情、发光的眼睛,我哪里还有开口的勇气。

"老师,咱们的口号就定为'保家卫国,强身健体;九一九一,勇争第一'吧!"

"老师,我来领头喊口号吧!"

"老师,那 1 分钟节目表演就让涛来一段武术,他练过……"

真是七嘴八舌,人声鼎沸。

采纳了大家的种种建议,确定下运动会的班级方案后,我表面上不动声色地带着他们一遍遍练习入场式方阵、喊口号、主席台前的 1 分钟表演,心里却一遍遍翻腾:该如何告诉他们我将要缺席的事?

眼看到了运动会前一天的下午,实在想不出更好的办法,我只好对孩子们如实相告:"同学们,运动会明天就要举行了,可是我却参加不了。

因为……"

"啊？为什么？"不等我说完，他们就齐声问，话语里、眼睛里不约而同流露的，分明都是失望。

"老师，你是不是又要出差啊？"宇快人快语。

"是的，我明天必须要到外地给老师们做一个培训，时间刚好与咱们的运动会冲突了。这几天，我一直在想一个万全的办法，可是始终想不到……"我流露出无奈和为难。

"哦。那算了，老师，你去吧。放心好了，我们一定好好表现！"几个孩子齐声说道。其他人纷纷响应："老师，你放心好了！"

"哎呀，真乖！真是太让我感动，太让我高兴了！大家真是长大啦！"我想不到，孩子们这么理解我、体谅我。

一遍遍交代他们需要注意的事项：要守纪律，听指挥；入场式步伐要整齐，口号要响亮；标语要在涛进行武术表演时及时展示出来……之后，我急匆匆奔向高铁站。

晚上，已经是十点钟了。珈、亚不约而同给我发来了微信："老师，不好了。咱班入场式上要用到的标语找不到了！"

"啊？这可怎么办？"我着急得直接给他们发去了语音。

"珈又跑班里去找了，也没找到。老师，您先别着急，我们再想想办法。"亚说。

"时间都这么晚了，想什么办法啊！"我确实有点着急。

"老师，不行的话我就和帆两个人站在队伍最后面，举一面国旗。刚好现在不还算是在国庆节期间嘛。"亚倒是很冷静。

"可是，都这个时候了，到哪里去找国旗啊！"我忧心忡忡。

"没事，老师，有些店铺还没有打烊。我们现在就去找，请你相信我和帆的办事能力。"亚笑着说道。

"那你们一定注意安全啊！需要花多少钱？我转给你……"

"没事,老师,不要转,你转我,我也不会收。钱什么的都是小事,再说了,不一定用得着钱呢。"真是很男子汉的口气。

"好感动!"我发了个动图过去。

晚上十一点多的时候,亚给我发来了视频,灯光下,是他和帆得意的笑脸和两面鲜艳的红旗!

"老师,这是我们拿身份证抵押的。我家附近的两个店老板听说了我们的情况后,愿意把他们的红旗借给我们用。不要钱,留个身份证,到时候还给他们就行。"

"好样的! 你俩真是太能干啦!"我给他连发了三个大拇指。悬着的一颗心终于放下了。

第二天中午,亚的微信又来了:"老师,好消息! 咱班的入场式表现很棒,森获全校跳远冠军,珈实心球获全校第二名,迪获 200 米第二名。大家都很努力。"后面是三个得意的笑脸。

"真是好样的! 不愧是我的弟子。"我附了三个酷酷的笑脸。

"老师,运动会快结束了。咱班今天表现很棒,纪律很好,也没有人乱扔垃圾。"

"嘿,你们太棒了!"我附了三个大拇指。

周一,到了学校。

几位老师迎面碰上我,不约而同地夸赞:"李老师,你们班学生在运动会开幕式上表现得可真不错! 那个武术表演,颇有阳刚之气,很应景。那两面红旗一展现出来,显得很有气势呢。虽然你不在场,你的学生都表现得那么好,真厉害!"

听得我心里美滋滋的。心想:一定得在班会时间对这次运动会好好做个总结,表扬、感谢我这帮可爱的孩子们!

你们擦拭了我的心灵

从教以来,我就立志要做一名深受学生爱戴的好老师。

我总是不由自主地爱着我的学生们。每当我走在他们中间,端详着他们那一张张可爱的面庞,我的内心就有着说不出的欢欣:男孩子们有的调皮活泼,有的羞涩内向,但是满脸正气,蓬勃向上;女孩子们有的开朗大方,有的恬静少语,但都是那么端庄秀美,惹人怜爱。

我感觉,自己就像一位热情洋溢的船长,正满怀信心带领我的船员们驾驶着满载希望的巨轮驶向美好的彼岸;又如一位辛勤耕作的老农,在直起身子擦汗的当儿,望着满眼的翠绿,聆听着庄稼拔节的声音,仿佛看到了收获时的硕果累累……此时,所有的艰辛和疲惫都化作了欣慰和甜蜜。

万万没想到的是,正在此时,我所爱着的学生给了我当头一棒。

一天,班长和纪律委员等几名班委来找我,递给我一个本子,气愤地说:"老师,你看看吧,看他们都写了些什么!"

我这才知道,班里一名成绩拔尖的女同学和另外三名成绩不好的男女生关系非常要好,他们四人常常在放学后聚在一起聊天,有时也一起出去游玩。关键是,他们之间合写、传递着一个记录本,记录了他们不为外人所知的内心世界。

此时,我忽然有些明白了,那名本来成绩拔尖的女同学为什么近来成绩下滑得那么厉害。

望着班长涨红的脸,我决定翻翻这个本子,以了解这四个孩子到底都在想些什么,做了些什么。

孰料,刚看了几页我就大吃一惊:其中有许多内容竟是攻击谩骂同学和任课老师的,还有不少把矛头直接指向了作为班主任的我,而且极尽讽刺挖苦之能事——这,简直让人难以接受!

我呆住了。

为了我的班级,我不惜付出心血和汗水,我不惧怕工作中的艰辛劳苦,可是,我却承受不了学生对我如此的大不敬。一阵头晕目眩之后,我反反复复地想:难道我不是个好老师吗?为了他们,我埋头工作,早出晚归,完全顾不上照管自己的家庭,晚上甚至在睡梦中还常常出现他们的身影!

我,究竟错在哪里了?

一连几天,我的心灵挣扎在被冤枉、被打击的痛苦之中。虽然还在坚持着工作,可是,我失去了往日的快乐充实和神采飞扬。我精神不振,神思恍惚,甚至多次想到:是不是应该坚决辞掉班主任的职务?

不!认输、逃避决不是我的风格,想办法解决问题才是我的作风。

调整了自己的思路之后,我在班里郑重宣布:"从今天开始,我就不是你们班主任了,我已经向学校递交了辞职报告……"说完扭头就离开了教室。

从那以后,我该上课时才去班里,平时一次也不多去班里看一眼;到了班里也不多说一句话,讲完课就走。只是,在课间或者他们上室外体育课的时候,我会透过办公室的窗户关注他们。

周五下午,第三节课是主题班会时间,我不去班里,也不外出,就在办公室里坐着——我认为，学生们该有行动了。

果然，上课铃还未响，就有人敲门，之后，我的那群班干部涌了进来。璐和珈一人拉着我的一只手，眼睛里噙着泪水，说："老师，全班同学委托我们来邀请您去参加我们专门为您设计的主题班会，您一定得去啊……"

"是啊，老师，您一定得去……"其他人也七嘴八舌地恳求。

看着他们那一双双真诚的眼睛，我实在不忍心再坚持下去，就"顺水推舟"，在他们的簇拥下走进了教室。

只见白板的正中央是一座彩虹桥，桥的两端，是两颗大大的红心，一颗上面是"敬爱的李老师"的字样，一颗上面注着"八一班全体学生"……显然，这是经过精心策划的。

突然，热烈的掌声响了起来。紧接着，是他们的歌声："每当我走过老师的窗前……"随后，两位主持人走上讲台，满含深情地说："同学们，日出日落中，李老师与我们相处已经有两年了。在这两年的时光里，发生了多少令人难忘的事啊！你还记得赛场上老师和我们一起喊加油的情景吗？你还记得胜利时老师和我们一起忘情地欢呼雀跃，失败时像妈妈一样安慰鼓励我们的情景吗？……"一些女同学在擦拭眼泪，还有啜泣声传来。

主持人让每位同学拿出一张纸，写下一句最想对老师说的话，不必署名。

过了一会儿，他们把纸条收上来并当场读出了上面的内容：

"老师，您昨晚睡好了吗？您的病好些了吗？一定要保重身体啊，我们八一班离不开您！"

"老师，您是我生命道路上那盏最亮的灯，千言万语表达不出我对您的感激之情。"

"老师,您就像一座桥,载我们到达知识的彼岸;您就像一张弓,把我们射向成功的目的地。最希望看到的,是您灿烂甜美的笑容。"

霎时,我感到自己被卷入了巨大的爱的旋涡。顿时泪如泉涌,泣不成声,几天来的委屈和怨愤也烟消云散。

在主持人深情的朗诵中,我的心情也豁然开朗:是啊,他们还是孩子,怎能没有犯糊涂的时候?很多时候,他们的错误行为只是不经意或不小心出现的。何况,现在的中学生,思想活跃,逆反心理极强,再加上学习压力大,他们偶尔以叛逆的方式来发泄一下心中的压抑情绪,也是很正常的。我们怎能苛求他们能时时处处对老师毕恭毕敬,没有一点冒犯呢?从今天这次精心设计的班会可以看出来,学生们其实是那么爱我,尊敬我,他们是那么理解我为他们所做的一切。在他们犯了错误时,作为师长,应该站在一个高度,给予他们正确的点拨、教育、引导,而绝不应该是生气、赌气啊!

在主持人的带领下,孩子们又齐声唱起了那首《每当我走过老师的窗前》,歌声甜美纯净,满含深情,那是能净化人心灵的声音啊!

最后,在他们的一致请求下,我擦干泪水,走上讲台:"同学们,我非常感谢大家!感谢你们为我驱走了心中几天来挥之不去的阴影,温暖抚慰了我的情感。这次班会,使我进一步了解了你们的内心世界,明白了师长的真正含义,更明白了宽容与谅解的真正内涵。今天,你们用自己纯真的方式,为我擦拭了心灵上的浮尘,促使我在从教的道路上又向前迈进了一大步。从你们这里,我体验到了从未有过的做老师的幸福与美好……"

考试之后

周日上午,我接到了森的微信:"老师,我和林整理了一下咱班的期中考试成绩排名,大概是灏第一、宸第二、我第三、珈第四、鑫第五……"

我笑了,回复:"嗬,好样的,森! 这么操心。不错,都是我的好徒儿!"说罢,我还附上了一个大拇指和甜甜的笑脸。的确值得夸奖,周五才考完试呢,这两个小鬼头就已经从网上查到自己和同学的成绩了。

周一早上,我刚进班,森和迪就蹦到了我跟前:"老师,学校把考试成绩整理出来了吗?"

"嘿,你们真够心急的啊。待会儿我去教务处看看。"我笑望着他们。

下午,我一进班,迪和森,还有灏,又蹦跳着来到我跟前,问的还是早上那句话,只是眼神更急切了。

"我上午去看过了,还没整理好呢。估计今天下午就可以了,待会儿我再去看看。"

从班里出来,我赶紧去教务处。是啊,想想学生们期待的眼神,我可不忍心让他们再处在焦急的等待中了。

成绩出来了,是挺让人高兴的:全班同学在整体上进步很大,尤其是迪,在年级进步了200多名。

　　我拿着成绩单,兴冲冲地走向教室。刚到门口,就被几个学生围住了:"老师,是成绩单吗?"其他学生都闻声而动,一时间,我被围了个水泄不通。我干脆把成绩单递给他们:"给你们,去讲台上看吧。"于是乎,一群人随着拿成绩单的学生,哄然而去,在讲桌旁围作一团。一堆黑乎乎的脑袋挤在一起,叽叽喳喳,议论个不停。

　　上完课,我把每位同学的成绩跟上一次的期末成绩逐一作了对比,发现绝大多数同学进步了,只有五个平时是非多的学生在退步。

　　我想,得趁热打铁了。趁自习课时间,我拿着成绩单,开始逐一点评每个人的成绩——时而热情鼓励,时而婉转批评,时而语重心长,时而激励表扬……总之,是让学生们既能看到自己的不足,又对自己充满信心。

　　点评完个人成绩,我又开始在那些成绩好、有潜力的学生之间"挑拨离间""煽风点火"了:"灏,你要看好了你这第一把交椅,我看迪、宸、珈和森都有要超越你的势头啊! 你可要加把劲,不能被他们超过,否则,咱颜面何存啊!"全班同学哄堂大笑,灏则笑着给我举了举拳头。

　　我又转向迪、宸、珈和森他们几个:"你们再用点心,加把劲,说不定很快就会逆袭,超过灏了呢。若是超过灏,你们就太了不起啦。记住一句话,只要努力,一切皆有可能! 加油!"全班同学又笑了,这几个人也笑着给我举了举拳头。

　　我又告诉全班同学:"考完试以后,有同学私下里和我说,想调一下座位,跟成绩好的同学坐近些,以便于向他们请教问题。我想强调的是,在这么小的一个天地里,座位不是问题,有问题的只是你学习的用心程度和你的学习态度。以后,我倡议大家互相学习,课间在一起多讨论问题。成绩不好的同学要多向成绩好的同学请教,成绩好的同学也要热心地给其他同学讲题。'教学相长''水涨船高',如果大家的成绩都好了,你个人的成绩也一定会跟着好起来。这个道理,大家能理解吗?"

"能!"齐刷刷,脆生生,响亮亮。

"好!咱们争取到中招考试时,用优异的成绩惊艳一下,让大家都看看,咱们普通班不普通——"

"对,八一班,不一般!"几个响亮的声音异口同声。

"嘿,这些小机灵鬼!怎么对答得这么好!"我笑得合不拢嘴。那些小机灵鬼们则笑哈哈地望着我,眼睛明亮得像含了水;一个个摩拳擦掌的样子,又像是拉满了弓的弦,开足了马力的机器。

第二天早读,我又分别找了几个学生聊他们的成绩,尤其是跟婷这个女孩子聊得比较多。前段时间,班里的女生搞派别,生是非,不少女生都疏远了婷,闹得沸沸扬扬的,使婷很受打击。为此,我专门在班里处理了这件事,又和婷谈心,告诉她一方面要认识到自身的不足,一方面要把心思放在学习上,才能减少那些不必要的是非和烦恼。没想到,这次考试,婷在年级里进步了130多名。

"婷,好样的,就应当这样。作为学生,在学习上主要比拼的就是成绩,成绩是最好的证明。我敢保证,这一次,班里同学一定开始对你刮目相看了。下一步,继续用心学习,不沾惹是非,争取再进步,争取更优异的成绩,你一定会越来越好。"我热切地望着婷。

"嗯!"婷有些羞羞地望着我,回答却是坚定的,眼睛也是亮亮的。

又一个课间。我上完课,刚在堂凳上坐下,珈就拿了一张纸递到我面前,腼腆地笑着说:"老师,这是我们几个订立的条约,请你做个见证人。"

"条约?"我有点疑惑不解。

"是的,老师,请你签字,做个见证人。"迪、森、灏三个男孩子也笑嘻嘻地围了过来。

定睛瞧瞧这张纸,我不由得笑了。只见纸上写着:"条约——到期末考试的时候,如果珈的总成绩被迪、森和灏超过,就围400米的跑道跑上

60 圈。反之,迪、森、灏每人跑 20 圈。不能反悔、耍赖。”下面的“见证人”
后面留了块空白——是等着我签字呢。

“这可不行,人家珈是女孩子,怎么能跑那么多圈? 得把 60 圈改成
15 圈。”我为珈打抱不平了,边说边拿起笔,打算改过来。

“没事的,老师! 我有决心和信心不被他们超过。”珈赶忙伸手拦住
我,自信满满地笑着说。

“老师,太偏心她吧? 最起码也要 20 圈吧?”那几个男孩子连忙
叫屈。

“真是的,人家是女孩子,女孩子,懂不懂? 你们要有绅士风度,要懂
得照顾人家女生啊。何况,人家还坚决不让修改呢,可见珈多么有信心,
多么藐视你们。”我一边签字,一边笑着白了他们一眼。

几个男孩子哈哈大笑:“哦? 我们一定让她刮目相看!”

我掏出手机,把这一纸“条约”拍了个照:“立此存照啊!”

此后,他们就开始了学习上的你追我赶,“明争暗斗”。比谁的课文
背诵得快,比谁的听写全对,比谁的小测验分数高。比语文、比数学、比英
语……一派热火朝天。佳、鑫、婧、宸、瑜等,也都加入了比学习的行列,滚
雪球似的,这个队伍越来越大了。就连一直懒洋洋、很少听课、经常逃作
业的朝也加入了比学习的队伍,居然成了班里背会《〈礼记〉二则》的第
12 名。我惊喜得连连给他竖大拇指。

有时候,站在讲台上,望着这群生龙活虎的孩子,我就像望着一园子
生机勃勃的小树,心里时常憧憬:未来的日子里,这些可爱的小精灵们,不
知道会成长得多么茂盛,会给我带来多少欣慰和惊喜呢!

嘿！你们竟敢叫我"姐"

　　无论如何想不到，兴冲冲接手了这届新七年级学生，还没几天，就让我这个老班主任伤透了脑筋：这分明是接了一块烫手的山芋哇！

　　且看他们：上课时，不是蔫头耷脑地睡觉，就是东说说西望望，挠挠头抠抠手，摇头摆尾，嬉皮笑脸，鬼头鬼脑……反正就是不听课；下了课，你追我打，你喊我叫，推推搡搡，骂骂咧咧……精神头十足；作业，要多次催促，甚至"威胁加恐吓"才能交上来，那字体却歪扭潦草得不堪入目；任你一次又一次声色俱厉地强调"不准随地乱丢垃圾"，地面上，依旧有他们随意丢弃的糖纸、果皮、纸屑……

　　更可怕的是，这个班，女生是稀世珍宝，少得可怜；调皮捣蛋的男生呢，占了大部分。

　　想我从教 20 多年来，何曾遇上过这样的学生、这样的状况！自 8 月下旬接手他们入校，到 9 月 10 日教师节，不足一个月时间，我的嗓子就疼得火烧火燎得说不出话——咽炎。这就是他们送给我的教师节礼物啊！

　　真是暗无天日。

　　怎么办？

　　唉，老革命遇上了新敌情，还能怎么办？只有强打精神，挺枪跃马，和他们"斗",跟他们磨呗!

心想,熬吧,熬到他们毕业就好了。

于是乎,接下来:软硬兼施、斗智斗勇,或严厉冷酷,或温柔可亲,或声色俱厉,或苦口婆心,偶尔也来个咆哮如雷。时时盯牢、处处看紧,发现问题及时处理、发现长处多多表扬、集体讲、单个聊……

就这样,与他们大战、小战了无数个回合,斗转星移,就到了七年级下学期。在旷日持久的"拉锯战"中,教室的地面干净多了,桌椅整齐多了,自习课安静多了,埋头学习的人多了——野马有了被驯服的迹象。

一日,我款款迈步走上楼梯,远远地,还未到教室门口,就听见一声低吼"快跑,老李来了"。是班里的磊。

我暗自冷笑:哼,熊孩子们,是我老李来了。老李来看看你们又想作什么妖!

快步走到教室门口时,看到磊他们几个已经人模人样、老老实实地在座位上了。我踱进教室站定,眼睛斜乜着磊,似笑非笑:"磊,又办啥亏心事了,看见我吓得赶紧拉警报?"

磊有点不好意思,看着我,只顾"嘿嘿"傻笑、挠头。

有好事者说:"李老师,磊说,别的老师他都不怕,就怕你。"

我立马眉开眼笑:"哦,是吗?怕我就对了。因为,我是老李嘛!"全班哄堂大笑。

又一日,教研组内要展示语文学科节的优秀学生作品。作为教研组长,我需要召集人贴海报,展示全校的优秀作文、优秀书法作品等——这可是个不小的"工程"。可我又实在不愿麻烦语文组的老师们了:她们个个都做着班主任呢,整天光班级的事务就把她们忙得东倒西歪的。

大课间时间。我正兀自拿了一卷海报,在校园里东瞅瞅,西看看,思量着把这几张海报贴在哪里合适。

玮、帆和硕连蹦带跳地跑过来,问我:"老师,老师,你在干吗呢?"得知我有那么多工作要做后,几个人立马主动请缨:"老师,我们来帮你。交给我们几个吧!"不由分说就跟着我来到办公室,立马行动起来:有的跑前跑后搬展览需要用的物品,有的去粘贴学科节的海报,有的蹲在地上,不,甚至是趴在地上,一点点地粘贴优秀作文和书法作品……

不时地,还向我建言献策:"老师,我看这样比较好……""老师,我看那样比较好……"

我望着他们,笑意盈盈:"嗯,真不错! 既有创意,又有这么强的动手能力。将来到了社会上肯定大有用武之地。"

很快,几块展板被放在了阳光下,格外醒目,吸引了一拨又一拨学生前来围观。

校长站在展板前看了好长时间,笑眯眯地说:"嗯,不错! 这展板一看就是精心设计出来的。"

几个语文老师向我伸出大拇指:"组长,你们班的孩子真好,帮咱们大忙了。"

回头看看我们的"主创人员",都在咧着嘴笑呢。

渐渐地,跟这帮学生在一起的时光似乎不那么难熬了。因为,我身边多出了很多工作小助手。

我去开会不在班里,放学后,会有人给我发微信:"老师,我给您反馈一下班里上自习课的情况……"我去外地出差,参加不了学校的运动会,时不时就有人告诉我:"老师,咱班的入场式很棒!""咱班获得男子800米第一名!""老师放心,咱们班的观众席上秩序很好,得到学校表扬了。"

于是,我对班里"纷繁复杂"的人和事就达到了"洞若观火"的境界。于是,一旦和谁动起真格的,就必能"招招致命""剑剑封喉"啦!

班里一个女生跟父母赌气,离家出走了,我让班里同学帮着一起找她,提供关于她的信息。一个学生给我发来他和这位女生的 QQ 对话截屏,我定睛一瞧,他对我的 QQ 昵称是"尊师宝虹",后面还有一朵玫瑰花。

我心里一热,而后暗自得意:"嘿,不叫我老李,改叫'尊师'啦!"

清明节,学校组织全校学生徒步去烈士陵园扫墓,需要班主任带队。一大早,我穿了白色运动装,背个双肩包赶到学校,不少学生已经在站队了。看见我,他们叫喊:"老师,你今天真漂亮!"

"是吗?我太自豪了!"我喜笑颜开。这边说着,那边就有男生抢去了我的包。

接下来的一路上,我的背包就一直在几个男生的肩上周转开来啦。谁能背上我的包,就高兴得屁颠屁颠的。

开始有点享受和他们在一起的时光了。

可是,你不能不感叹时光飞逝!转眼间,在摸爬滚打中,我已经和这帮学生一起度过了两年半的时光。

如今的他们,个子长高了,读的书越来越多了,言谈举止越来越文明了——小树苗似的,修修剪剪后,长得有模有样的,给人带来不少成就感。

寒假来了。没想到,新冠疫情也来了。不能开学,师生无法见面,但课还是要上的,工作还是要做的。很快,这种网上工作让我有点应接不暇:备课、上直播、批改作业、做各种统计、填各种表格、督促学生打卡……

实在忙不过来,想到了我的小助手。于是,有人帮我在群里通知家长,有人帮我将有些同学用"腾讯文档""金山文档"这类小程序发给我的作文改成可以编辑的"word 文档"……

让亚帮我催促那几个爱睡懒觉的家伙打卡,他回复我:"好,没问题,这几个老大难以后交给我来治。"忽有一日,他帮我往家长群里发通知时,直接发了和我的微信对话截屏。我点开一看,有点接受不了了:在他的微信里,我的名字被备注成了"宝虹姐"!想我这年近五十的一大把年纪,比他们的爸妈都大了好几岁呢。这怎么能行!

我说他:"你怎么能备注我的微信名为'姐'呢? 可不敢。"

他立马发来个调皮的表情:"老师,我们私下里都叫你'姐'。"

"什么? 嘿! 你们,竟敢都叫我'姐'?"我发过去一个表示崩溃的表情。

……

不过,说句实话,忽然间,我有了一种青春焕发的甜蜜感觉呢!

再说句实话:很快,他们就要毕业了,我还真是有点舍不得呢!

毕业季，最后一个在校日

一阵悲恸从心底涌起，我差点失声痛哭出来……

突然周身一悚，一个颤抖，回到了现实中。定神想想，方才醒悟：哦，这是一个新的清晨，刚刚，自己是身在梦里了。

走出家门，看到一个湿漉漉的清晨：雨刚刚止住，地面上有不少积水，植物的叶子都因了水的浸润而透着油油亮亮的绿。水珠的滴答作响声，还不时从这里那里传来。依然阴沉的天上，有铅色的云块在流动。

空气真是凉爽。七月的天气，穿了长袖衣衫还能感觉到不少的凉意，给人一种异样的感觉。走在去学校的路上，因为还不到七点，路上的行人、车辆都是零星的，也给人异样的感觉。

走进学校，走入教室，学生们也陆续到了。异乎寻常的是，他们看我的眼神，似乎比往常更多了些柔光。

我看着他们安静有序地入座，自觉地起身拖地擦窗，有暖暖的伤感如溪流般漫过心头：学生们也很清楚，今天，是他们初中阶段最后一个在校学习的日子了！

是的，他们毕业了，我该和他们说再见了。此时，我看向他们的眼神也定然是更加柔和的。

因为疫情,学校不再举行集体的毕业典礼。我盘算:毕业典礼是断乎不能少的。那么,我们就用下午的最后一节课在自己班里举行吧。消息一经宣布,学生们一片欢呼。

陪他们上完最后一个早读,我回家了——昨晚熬夜做的班级毕业典礼 PPT 还需要进一步完善,我得静下心来去做。

沉浸在 PPT 的制作中,我一再告诫自己:这个毕业仪式,一定要定下轻松快乐、积极向上的基调;一定要既能给学生们留下深刻美好的记忆,又能对他们起到影响、教育作用。

下午,我早早到了教室。学生们也陆陆续续地来了。给他们测体温时,我又感觉到一种异样:不少人的校服上,写满了文字,仔细看看,全是老师或者同学的名字。我笑了:"你们这是玩的哪一出啊?"

"是签名,老师,签名留念。这儿,心房的这个位置,留给你签,压轴。"几个人指着自己胸口左上方的位置,争相给我解释。

"呵呵呵!"我笑了。

刚给大家测完体温,就有几个学生拿着自己的校服和签名笔走过来,热切地瞅着我说:"老师,给我们签名留个纪念吧。"

"好! 我不仅给你们签名,还要画个心!"我拉开架势,拿过他们的衣服平铺在桌子上:"来,帮我把衣服抚平,固定好,让我充分发挥一下书法水平。"这引得其他学生也蜂拥而至,很快在我身边围作了一团。

已经签过名的同学,拿着衣服眉开眼笑地左右端详,还不忘攀比老师给谁签的内容更多;没轮上签的,急不可耐地围在我身边,一边还不忘抒情:"用这样的方式,感谢老师三年来的教导和关照。"

终于完成了所有的签字,我甩甩发酸的手腕和他们开玩笑:"一签泯恩仇。这一会儿,老师亲切,学生乖巧,其乐融融啊。"

说话间,到了第三节课结束的时间。下课的铃声刚响,学生们就一跃而起向我嚷嚷:"老师,不要下课了,咱们直接开始毕业典礼吧。"

我打趣他们:"嗬,积极性这么高,真是前所未有啊。这要是搁平时,如果老师不让下课,你们找一百个理由也得要求出去放放风吧。"

"嘿嘿嘿。"男孩子们嬉皮笑脸,女孩子笑得会心而腼腆。

"好,听大家的,把咱的白板打开。"我的话音未落,早有几个男生冲上讲台,七手八脚打开了白板,收拾干净了讲台。

PPT打开了,看着蹦跳而出的文字,他们不约而同地齐声读起来:"记得当初,刚刚踏入初中校门的你们,稚嫩、调皮、可恨、可爱……"

接下来,他们七年级参加军训时的照片一张张闪出来。一张张曾经那么孩子气的面孔,活泼泼地展示在大家面前。教室里立马沸腾起来:"看,那是你!""呀,看我那时候显得多小!""哈哈哈,鹏的样子好滑稽!""你们看,琦的样子多可爱!"

八年级运动会、在中牟基地参加拓展、在新密反恐基地参加训练——今天他们才知道,每一次活动,我都给他们抓拍,保存了许许多多生动的照片。

随着一张又一张照片的出现,教室里一次又一次响起开心的笑声、大声评论的喧嚷声,好似大海边掀起的一阵又一阵的波浪。

最后一张,是我和他们在八年级参加活动时的合影:学生们着一色的迷彩服,整齐地围在我身边,所有人的脸上都漾满了灿烂的笑容。这,又一次引发了轰动:"老师,等等,等等! 别切换,让我们拍个照。"

七八十张照片放完后,他们还不知足:"呀,这就完了……"我故作神秘地说:"没完。再让你们看个稀罕的……"

他们霎时安静下来,睁大眼睛盯紧白板。

接下来是一段他们七年级时上早读的视频,一个个稚嫩可爱的面庞,一阵阵清脆整齐的读书声,把此时的他们都给迷住了:"哇……"

视频放完,他们恳求:"老师,再从头播放一次吧。"我又播了一次,还有人意犹未尽:"老师,再播一次吧。"我笑了:"太自恋了吧?回头我放到班级群里,你们考完试再好好看吧。"

"老师,那你再给我们讲点什么吧。"他们喊。

我笑笑说:"好,我给大家说说心里话——"

他们的眼睛一亮,目不转睛地看着我。

"我特别想说的第一点是,记得七年级的时候,你们纪律差、毛病多、学习习惯差、卫生习惯差……我快烦死你们了!有时候把我气得呀,简直都不想做你们的班主任了!"

"对!我知道,老师您给我说过。"亚仰头看着我,大声作证。不知何时,他们一群人都搬着凳子紧紧围坐到了讲桌旁边离我最近的地方。

"所以啊,如今我脸上多出的皱纹,头上生出的白发,还有严重的老花眼,都是你们闹的,都跟你们有关系。将来有一天我老了,你们可要对我负责啊!"

"哈哈哈……"一阵爆笑。

"老师,放心,我们会经常来看您!"

"老师,我负责给您染头发!"

等笑声和喊声停息了,我接着说:"可是慢慢地,到了八年级,我开始享受和你们在一起的时光了。因为呀,你们变得越来越可爱,越来越让我喜欢了。"

"老师,都是您对我们教导的结果呀。"宇笑得眼睛眯成了一条缝。

"所以,第二点我想要说的就是为什么我越来越喜欢你们。以前我一直带重点班,重点班的学生学习成绩好,纪律好,可是有不少同学自尊心很强,很敏感。我和他们说话的时候,总是很小心,生怕哪句话说得不合适会引起他们的误会。可是,跟你们在一起呀,完全不必顾虑那么多。

该说就说,该笑就笑,该吵就吵。嘿,这感觉,那叫一个过瘾!"

又是一阵爆笑。

"所以第三点就是,今天,我要正式向你们表示感谢——因为我从你们身上学习到了很重要的东西……"

"哦,老师,你向我们学习? 学习到了什么?"他们觉得有点不可思议,但更多的是兴奋。

"老师,你先别说,让我们想想呗。"班长玮提议。

"好! 你们先想想,猜一猜吧。"我笑看着他们。

"是阳光?"

"是乐观?"

"是大大咧咧,不在乎那么多?"

你一言,我一语,七嘴八舌。

"悟性真高,都说对了! 你们乐观开朗,自信阳光,不爱计较那么多,解决问题的能力超强……对你们来说,一切都没什么大不了的。跟你们在一起,让我变得更快乐更开朗了,这是以前带重点班时所没有的体验。所以,我一定要感谢你们!"

掌声雷动,经久不息。

激动、兴奋写在他们的脸上,响在他们用力鼓动的手掌上。

"我想表达的第四点就是,我们的学习成绩虽然比不过重点班的学生,但我们可能在别的方面比他们强! 因为人各有所长各有所短嘛。将来你们长大了,走向社会,走向工作岗位,肯定会遇到这样那样的困难坎坷和种种不如意,这些,都很正常。到那时,你们一定还要保持你们现在的这些优点,用乐观向上的心态想方设法克服困难,战胜挫折。我最期待的就是,不管大家以后在自己的人生道路上遇到什么样的不如意,都能自信阳光,好好地生活。我还等着看十年、二十年、三十年以后你们有所作为的样子呢!"

"放心吧老师,我们一定能做到!"几个人举起拳头挥了挥。

"第五,也是最后一点,我要再次嘱咐你们,做人一定要正直善良,遵纪守法,自尊自爱,自立自强。不管将来从事什么样的职业,只要做到这些,你的人生方向就不会出现偏差。这样,你就会成为一个对国家对社会有用的人,你就一定能更好地发展自己,让自己走向成功! 能记住吗?"

"嗯,记住了,老师!"他们郑重地点头。

"好! 说完心里话,我还要对你们抒一下情呢。"我笑着翻开了 PPT 的下一页。

"相伴三年,缘牵一生。亲爱的孩子们,我的生命因为你们而丰富,愿你们的生命因为老师而精彩。天生我材必有用,愿你们未来的每一个日子,都唱响奋进的歌!"

"老师,先不要切换,让我们拍个照留念。"他们纷纷拿起手机,拍个不停。

等他们拍照完,我挥一下手,大声说:"最后一个环节:自由发挥时间,自由结合,拍照留念!"

"噢,太好了!"教室里变成了欢呼的海洋。

于是,你和我,我和他,你们和我们,我们和他们;站着,蹲着,围着……合影是此时的主题,我是受邀合影的主角。

每一个人都神采飞扬,每一个人都兴高采烈,每一个人都满含深情。每一个,每一个……

诚走过来,腼腆地笑着邀我合影。这个曾经的淘气包,是半路插班到我班的,刚开始时还和我激烈地对抗过呢。现在的他,早已变得礼貌而懂事,和我十分亲近了。

江也走过来,一样腼腆地邀我合影。这个十分健谈而又一直长不大的孩子，总是让我又爱又恨，也总是和我那么亲近。

宇、琦、涛、佳……纷纷邀我合影，我让自己给每张照片都留下一个甜甜的笑容。很快，宇发来他们跟我合拍的照片，给我微信留言："老师，您笑得真好看。"

放学的铃声早已响过，可是，每一个人都不愿放学，都依依不舍。

我安慰他们："先放学回家。以后咱们可以常聚、常联系、常见面呢。"

最终，他们答应离开。

忽然有人大喊："请假条！咱们的那个创意还没给老师看呢！"

"哎，对，对！"

马上就有人关闭了白板，拉上黑板，本来被遮挡着的那块黑板"哗啦"一下露了出来。不知道什么时候，他们"集体合谋"在上面写了个"请假条"："因毕业无法在校，愿老师准假。请假人：2020 届九一班全体学生；请假日期：2020 年 7 月 12 日至永久。批准人——"

几个同学在背后连声提示我："老师，老师，请您写上自己的名字。"

我按照他们的指示，在"批准人"后面的空格上签上自己的名字后，这才恍然：原来，孩子们是在用这样的方式向我表示，他们要永远做我的学生，要我永远做他们的老师啊！

再也控制不住，泪水盈满了我的眼眶。尽管我一再告诫自己：一定不能流泪，一定要给孩子们最甜的笑容。

马上有人递来纸巾、湿巾。

我笑着对他们挥手："没事，我这是高兴、感动呢。都七点钟啦，咱们真的该放学了。"

诚又一次腼腆地走过来，张开双臂，说："老师，我想拥抱一下您。"

瑜也红着眼睛张开双臂走过来，哽咽着："老师，我也要抱抱您。感谢您两年多来对我的关心和照顾……"这个热诚善良的女孩子,有着良好的修养,十分可爱,是七年级下学期从外校转到我班的。

婷流着眼泪张开双臂走过来,"老师,我也要和您抱抱……"

珈哽咽得说不成话:"老师……太感谢……您三年来对我的教导……"

宇、帆、亚、硕等几个男孩子非要把我送到办公室再离开。临走时,他们对我比划着打电话的手势:"老师,以后不管您有啥事,需要我们帮个忙出个力什么的,保证随叫随到!"

"好嘞,肯定会的!"我笑着向他们挥手。

关上门,办公室里顿时安静下来。我慢慢坐下来,愣愣地望着窗外渐暗的天色,发呆。脑子里浮现着刚才的种种场面,内心翻腾着说不上的滋味。失落?不舍?依恋?说不明白。

手机响了,是亚发来的微信:"老师,刚才在学校没多大反应,现在到家后看着照片,心里很难受。我真想做您一辈子学生,您也永远是我的恩师。最舍不得的就是您,真的。从来没有老师对我这么好,这么爱我。如果不是在中学遇见了您,估计我现在都辍学在外面游荡了。这些年真的让您费心了。祝您在今后的教育生涯中顺风顺水,桃李满天下!您该好好歇歇了,李老师,以后别再像带我们这样工作了,太操心了,一定要注意自己的身体……唉,总感觉千言万语在心中,就是说不出来。"

家长微信群里,江的爸爸发了一段话:"感谢李老师以及全体任课老师这三年来对孩子们的关爱和照顾!孩子刚给我打电话了,说今天和老师、同学告别后,他很伤感。挺好的,不管孩子学习成绩如何,他在李老师的教育下学会了为人处世,能够健康成长,非常棒。再次感谢李老师!"

屹的爸爸是位律师,他发到群里一副对联:"一支粉笔两袖清风,三尺讲台四季晴雨,加上五脏六肺七嘴八舌九思十想,教必有方滴滴汗水诚滋桃李芳天下；十卷诗赋九章勾股，八索文思七纬地理，连同六艺五红四书三字两雅一心，诲而不倦点点心血勤育英才泽九州。真心感谢李老师及全体老师三年来对孩子的谆谆教导和辛苦付出；感恩与李老师的遇见！愿李老师一切安好！"

还有家长不断地在群里表示感谢。学生们的群里，不断有人给大家分享刚才的照片和视频……

以往，总是嫌时光太慢，总是觉得他们毕业的日子遥遥无期；而今，倏忽间，他们就离开了！

就好似自己费尽心力养大了女儿，有朝一日又不得不眼睁睁看着她被人娶走，只给我留下一个空空的家。

顿时，泪如泉涌。

突然之间，就长大了

　　眼看离毕业只有三个月了，亚依然没有一点要把心思放在学习上的意思：每天到了学校就带上几个同学主动去打扫卫生；上课时或者睡觉或者看课外书或者稍稍应付一下老师，反正就是不用心听课。可是，一下课，他就活跃起来，嘻嘻哈哈的，一副无忧无虑的乐天派模样。

　　亚的父母来自农村，属于在城市里努力谋生的一族——他们每天辛苦工作，努力挣钱，好像顾不上考虑孩子的教育问题。而亚这个孩子，调皮、贪玩，同时脑袋瓜聪明，反应特别快。我很欣赏他：说话俏皮可爱，做事灵活机智，妥帖周到。班里平时一些乱七八糟的杂务，我都交由他来办。一句话：他办事，我放心。所以，我一直挺喜欢他的。

　　只是，令人头疼的是，不管我怎样苦口婆心地劝说，想方设法地改变，也始终没能把亚转化成爱学习的学生。虽然中间也曾出现过两次转机——他信誓旦旦地向我保证，从今以后要好好学习了。可是，至今誓言也没能变为现实。

　　这孩子可真够没心没肺的，难道就不想想自己的前途？就不想想自己毕业以后的出路？我真是替他着急。

　　不行，眼看他们临近毕业了，我还要再次敲打敲打他，郑重地提醒一下他,好让他长点心,快点长大。于是,我又一次把亚叫到教室外面谈话。

"亚啊,你们马上就要毕业了,要对未来有一个打算啊。对自己的前途有过慎重考虑吗?"我看着亚满是无忧无虑的脸。

"嘿嘿,没怎么认真考虑呢。反正爸妈也知道我考不上高中,可是他们也没跟我说过考不上高中该干什么。"

"你自己也该考虑一下自己的出路了,有些事情不能完全依赖父母,自己也要有点主见。关于自己的未来,你内心有没有什么样的愿望?"

"嗯,我……我想当兵,我觉得军人很神气,很威武。"亚举起拳头晃了晃,脸上露出向往的神色。

"的确,对你这个机灵鬼来说,到部队那个大熔炉里好好地接受一下改造和培养,应该是个不错的选择。"我心里也一亮,"你爸妈知道你的想法吗? 他们是什么意见?"

"知道。他们也没说什么,也就是不反对的意思。"

"可是,以你现在的年龄,初中毕业了也不能马上就去参军啊。"我有点忧心。

"是的。要不……我就先上个中专?"亚征询地看着我。

"那样也可以! 你先学习一门技术,就凭你的机灵劲儿,将来到了部队里,这门技术说不定就会大有用武之地呢。"我睁大了眼睛,认真地看着他。

几天后,亚来找我。

"老师,你知不知道哪些中专学校比较好? 我爸妈同意我的决定了,让我先上中专,然后再去参军。"

我答应给他问问。

几天后,我查询到了几所公办的、信誉好的中专学校。把这些学校的名字给了亚之后,我嘱咐他:"一定要和你的爸妈找时间一起去这些学校仔细考察、咨询,然后再做决定。"

没过多久,一个周日,亚发微信告诉我,他选择好一所学校了。"和我爹一起去看的,学校的老师很热情地接待了我们,带着我们参观了学校,给我们介绍了学校所开设的专业。"

"嗯,好。你能有个正儿八经的去处,学个正经的谋生本事,不至于将来无所事事,生活没有着落,我就对你放心啦。"我开玩笑地说。

"真是麻烦您了,老师。"亚又发来微信,还发来三个拱手作揖的表情。

想不到,这家伙居然还学会了客气。"嘿,跟我还来这个。"我顺手发过去一个抠鼻孔的表情。

"哈哈哈。真的,老师,真是麻烦您了。"他又回了我一个可爱的笑脸。

毕业的时间很快到了。

在学生们离校的当天下午,我和他们一起举行了个毕业仪式,大家一起充分表达了依依不舍之情。其间,亚依然俏皮话不断,到大家互相合影的时候,他更是活跃。

仪式结束了,亚还是不肯走。他和几位同学帮我拿书、拿包、端水杯,把我送到办公室以后,才离开了。

没过多久,亚给我发来了微信:"刚才在学校没多大反应,现在到家看着照片心里很难受。讲真的,我真想做您一辈子学生。"

我心里一热:没想到,这孩子长心了。"哦,我真高兴! 别难受,大家以后有相聚的机会。"我安慰他。

"其实最舍不得的就是您,真的。从来没有老师对我这么好,这么爱我。如果不是在中学遇见了您,估计我现在都辍学在外面游荡了。"他又发来长长的一段话。

哦？真是想不到，我总以为亚是个长不大的孩子呢。

"以后等我有一番作为，我一定请您吃饭。不，即使没有也要请。不过，请您相信，将来，您的学生我一定好好干，肯定不会给您丢脸的！"他发来一个爆笑的表情。

"太好了，太好了！"我回给他一个哈哈笑的表情。

"这些年真的让您费心了。祝您在今后的教育生涯中顺风顺水，桃李满天下！"

呵呵，这孩子。

"以后别再像带我们这样工作了，太操心了，一定要注意自己的身体，身体才是革命的本钱。"

嗯？这还是那个顽皮的亚吗？

"总感觉千言万语在心中，就是说不出来。"亚还在抒情。

"说得够多啦，表达得很充分了。"我回了他一个捂嘴笑的表情。马上就该考试了，可不敢让他再多愁善感下去。

"不打扰您休息了，后会有期。一定要注意身体。"最后，亚这样说。

总以为他们是长不大的孩子，总以为他们只会调皮，总以为他们没心没肺，总是为他们担心……

哪里知道，他们知道你的付出，他们懂得你的苦心，他们也渴望快快成长。他们，突然之间就长大了！

学生们帮我去挂号

周四晚上,正吃饭,微信响了。

是刚毕业的学生涛:"老师,明天我们几个想去学校看您。您有时间吗?"

我不由得笑了:这才毕业几天啊。其实,教师节的时候,他和帆、亚、硕、迪几个人就已经来过一次了。就在前几周,他们几个还轮番发信息,说是又想来学校看我。怎奈我一到周末就要外出,没时间接待他们,只好作罢。可遗憾的是,这次我还是没有时间见他们,明天,也就是周五下午就要出发去外地。

"哎呀,还是不行……要不,再过两周?到那时候可能我就没多少事了,咱们再一起好好聊。行吗?"我含着歉意和不忍回复涛。

"哦,好吧,老师。"涛回复我。每次一听说我没时间,他们都会这么善解人意。

可是,不一会儿,硕又给我打来电话:"老师,我们还是想去看您。这样吧,我们周五早上6:30就赶到学校等您……"

我又一次给他解释了半天,他这才怏怏地答应:"哦,那好吧。"

没过几分钟,微信又响了,还是硕。

"老师，不行，我们还是想去看您。这次是因为学校刚考完试给我们放了假，才有时间去的。不行的话，我们就趁明天早读去找您说会儿话，顺便再看看其他老师。不占用您的上课时间，您看行不行？"

唉，这几个令人感动的家伙！他们同在一所中专学校就读，那架势，是真的想来母校一趟。看来此时也许他们正在一处郑重地合计这件事呢，作为他们曾经的班主任，我如果再说"不"，就未免显得太冷酷无情了。

"那好吧。你们别来太早，因为我要从早上 7 点一直上课到将近 10 点。这样，你们先睡个懒觉，然后 9:40 到学校门口等我，我一下课就去接你们。好不好？疫情期间，不知道学校让不让进校门呢，我到时候给门卫师傅好好求求情吧。"

硕高兴了："好嘞，老师。"后面带了一个可爱的笑脸。

放下手机，脑海里纷纷浮现出他们几个的模样来：刚上初中时，一个比一个调皮顽劣，一个比一个能惹是生非——不写作业不听课，玩闹打架扎堆，逃课玩游戏……但我知道，其实他们的内心深处是懵懂单纯、柔软善良的，他们脑子活跃、办事能力强，他们渴望尊重和关爱，渴望认可和肯定。于是，在我和他们日复一日的平等相处中，在我的真诚相待、尊重肯定和耐心引导中，他们逐渐变得懂是非、重情义，对自己未来的人生有了明晰的认识——要做一个对社会有用的人。初中毕业后，几个人的中招成绩都不够上高中，在我的建议下，他们去了如今就读的中专学校，学习汽修、物流、计算机等专业。

说实话，我其实也很想知道他们如今的情况：是否适应了中专学校的一切，专业学得好不好，和那里的班主任、同学相处得怎么样……

脑子里正在信马由缰，猛然冒出来一件事：对了！周二时去看病，专家医生和我约定，周五我上完课需要再去找他复诊，看检查结果、开药——他每周只在周二、周五两天坐诊。如果错过了明天,就得推迟到下周二了。

这可怎么办? 还有,去看医生还需要挂号,等我上完课再去挂,说不定轮到我,时间会很晚了,还怎么和他们几个说话?

沉吟了一会儿,我拨通了硕的电话。

"硕,我刚才忘了明天还要去旁边的医院看医生,需要挂号排队。你们能不能先去帮我挂个号? 这就需要你们8:45到学校门口,先拿到我的身份证再去医院。我这边一下课就过去,这样就不用等太久了。等医生给我开完药,咱们再说话。好不好?"

"好嘞,老师,没问题!"硕答应得十分爽快。以前,我每次请他们帮忙,他们也都是这样的口气。

第二天,下了第一节课,我跑到校门口,就见亚、帆、硕、涛、迪几个男子汉正齐刷刷地站在校门外往学校里面张望呢。看见我,他们都咧着嘴笑了。只是,那笑容里少了原来的调皮,多了一点腼腆。我也笑了:"嗬! 都长高了。"

"老师,你剪头发了?"

"老师,你白头发少了。"

……

你一言我一语的,我简直不知道该回答谁的问题好,手拢着头发呵呵地笑了。

来不及多说,我把身份证递给他们:"先去给我挂号,待会儿我上完课咱们再好好说话。"亚接过来,给了我一个表示"OK"的手势。我拿手机给他转过去15元钱:"接收一下,挂号费。"

"不用,不用,老师……"他们几个一齐说。

"不行,现在你们还不会挣钱,必须接收,快点。"我命令道。

可是，最终他们也没有接收。

上完课，我一到学校门口，就见几个人又已经等候在那里了，依然是咧着嘴，看着我笑。

待我一走近，亚就将身份证和挂号票递到了我手里。一如以往，他们已将我委托的事情办得妥妥当当的了。

然后他们就簇拥着我，一起陪我去医院。霎时间，心里特别温暖。

一到医院，就听见叫号机正在叫我的名字，真是刚刚好。

顺利地看病、取药后，我们又一起走出医院。"多亏你们提前帮我挂了号，我才能这么快看上医生。"我仰头对他们几个说。是的，面对已经长得高高大大的他们，我必须得仰视了。

"这算什么呀！老师，以后您有啥事，只管给我们打电话，千万不要客气。"曾经那么稚气调皮的硕，如今也像个男子汉了。

"是啊，老师，只管给我们打电话。"另外几个也纷纷说道。

"老师，特别想来看您，也特别想到学校看看。"帆说。

"嗯，是的，特别想。"平时爱笑但不太善于言谈的涛接过话来说。

"老师，注意身体，要多休息。"说这话时，迪的神情和口气简直像个大人了。

很快，我们又来到了学校门口。几个人隔着铁栏杆的大门，还是一个劲地向学校里张望，眼睛里分明有热切的光。我央求门卫师傅："这几个孩子是我刚毕业的学生，他们特别想到校园里看看。要不，就让他们进去一小会儿？"门卫师傅摇头笑着告诉我："实在不行啊，学校有硬性规定。"

"唉，这次没法满足你们的愿望了。"我回过头，不无遗憾地对他们说。

"没事，老师，以后有的是机会。咱们就站在学校门口说说话，然后您就赶紧回家准备下午出差的事吧。"

也只能这样了。

他们七嘴八舌地给我讲在中专学校里的情况：专业学习上感觉很不错，去餐厅吃饭要走很远的路，班主任很年轻，跟同学相处得都挺融洽……

必须要和他们说"再见"了。刚走出几步远，他们一齐向我喊："老师，以后有啥事就打电话。"

"那是肯定的！"我一边向他们挥手，一边大笑着答应。

临别时，学生们送我这些话

我的二○二○届学生们该毕业了。毕业典礼结束后，依依惜别时，他们纷纷郑重写下留言送与我。实录部分如下：

感谢您这三年对我的包容、教诲。刚来这个班时，您就教育我们要做一个对社会有用的人。如果不是遇见了您，我都不敢想我毕业时会是什么样子——可能已经辍学，在外面鬼混，成了一个名副其实的"混蛋"！都是您把我引向正轨。我被政教处处罚，您还去为我说情。这一切，都是我之前所见过的班主任无法做到的。您真的改变了我的人生！您对我的包容、对我的好，我都永远记在心里！等我能有一番成就，我一定回来看您(没有成就也回来看)！(笑脸)

很多的心里话还没有来得及写上，后会有期。

此致

　　敬礼

李亚玮

亲爱的李老师：

　　您好！感谢您三年来对我们的陪伴以及对我们无微不至的关爱。这三年来给您带来了不少的麻烦，在这里向您说声"对不起"。三年来您精心培育我们，您是我们最亲近的朋友与师长，是我们在学校里的"妈妈"。

　　我们感谢您，爱您！感谢您陪我们走过这段成长的美好时光，这将是我们人生中最美好温馨的回忆。我犯错被您批评过，也因为取得好成绩被您表扬过。您对我们的关爱就像父母的爱，您永远是我尊敬的老师。祝您身体健康，万事如意，心想事成，天天开心，天天快乐。

　　最后向您说一句：您辛苦了！

张迪

我最亲爱的李老师：

　　我想对您说，我们非常非常感谢您。谢谢您的培养、您的信任、您的无比真挚的鼓励。不知道如果没有遇上您，我会成为一个什么样的人。真的非常感谢您！

　　您辛苦了，祝您笑起来眼睛永远是弯弯的，缘分让我们相遇，我十分荣幸。

　　永远开心，健康！

牛晨珈

我不是在最好的时光里遇到了你们

而是遇到你们

才给了我这段美好的时光

李老师，您是我这九年义务教育中最重要的人，没有之一。我是一个粗人,在上初中之前,我被所有老师贴上"体育生、没出息、不是好学生"的标签。是您,改变了我,让我知道老师也很尊重和关爱我这种差生。我没有好的修养,您说我有修养,这是在初一、初二时学习您的。老师,您在我心里已经成为了家人,不是老师。

最后说一句:我爱你,李老师。这可能是最适合的语言,因为我不会说其他的话了。

刘宇豪

我最亲爱的李老师:

感谢三年来您对我的爱护和包容。是您让我明白了要做一个正直、善良、勇敢、向上的人。上初中以前,我是一个不自信的女孩,做什么事都不被认可。可是,我遇到了您,您让我当了课代表,对我每次做的工作都给予肯定和鼓励,让我有了做事的信心。谢谢您,我最亲爱的李老师!

魏晨曦

很感谢李老师这三年教会了我许多:有关于人生的,有关于未来道路的……使我领悟了许多道理,让我在前行时不再迷茫。我也有犯错,但您都宽容原谅了我。也是您告诉我们,虽然成长的道路坎坷,可我们也会从中收获许多温暖。

九一班在三年中给予了我无尽的温暖,我很爱很舍不得这个集体。但毕竟无法挽留这时光。我会把这三年刻进心里,每个人、每件事都不会忘记。相信她将来会变成我难忘的一段美好回忆。

贺婧怡

李老师：

感谢您这三年来对我们无微不至的关爱，这三年我们也给您添了许多的麻烦。您常常教育我们，有时间一定要在社会上磨炼。现在，社会上的千辛万苦我体会到了，只能说太累。但是，我相信这些问题到后来都能慢慢解决。

最后，感谢您，向您说一句：辛苦了！

丁一帆

李老师，我就是个皮孩子，我也觉得自己不像个女孩子！嘿嘿，您总觉得我玩得太疯，但又总是关心我的成绩与进步。您对我们班的每一点进步都默默关注着。您总是对我们很好，很包容，很少对我们发脾气。您这三年辛苦了，我们太皮了！

很荣幸在初中阶段遇见了您！

彭文雅

李老师，我希望您以后更加开心、快乐，每天都有微笑相随。

祝我的姐妹们以后生活得更好。加油，姐妹们，期待相遇！

汪宸屹

感谢李宝虹老师两年来的照顾。当我犯错时包容我，然后呢……我也不知道说啥。嘿嘿，总之，李老师对我的照顾，我感激不尽。

马驰程

一日为师，终身为"父"。感谢李老师对我们的教导！虽然我学习不好，但感谢您教会了我怎么做人。谢谢您。

姚帅柯

这三年来和同学们的生活有快乐有苦恼,但还是开心多于烦恼。我这三年过得非常充实,也十分有乐趣,我乐在其中。最后祝愿我亲爱的李老师在下一届也会遇到像我们一样乐观向上的好孩子、好学生。

郑世正

感谢李老师这三年对我们的照顾,让我从一个懵懂的少年成长起来,李老师对我的教导让我受益匪浅。感谢李老师!最后祝李老师身体健康,万事如意。

牛昊源

感谢李老师的批评与帮助。在这三年里,您没少吵我,我知道都是因为我自己做得不对。我觉得您说的都很有道理,帮助我长大,让我从一个什么都不知道的小女孩成长为一个懂得知识和道理的人。

同学们也很热心地帮助我,给我温暖与希望。感谢这三年来老师与同学的帮助!

燕雨菲

感谢李老师这三年来对我的教诲。这三年,我给老师制造了不少麻烦,我身上的毛病很多,但是我真不会吸烟。要不是李老师,说不定我就没有机会写这段感想了。李老师真的是我一生的导师。在这里祝李老师和她的家人生活顺风顺水,身体健康,万事如意。

刘凌涛

感谢李老师这三年的教诲,这三年来您教会了我很多。三年前我什么都不懂,不明事理。刚进班的时候,您让我们倒垃圾,班里人都不动,只有我和班长去了。后来确定班干部的时候,我当了生活委员。不知道为什么,我对这件事记得很清楚。感谢李老师,祝您身体健康,等我有了成就一定回学校来找您。

王东宝

承载时光的列车已经到站,愿二○二○届一班全体同学可以拥有一段美好的回忆,在自己的人生道路上发光发热。时光不老,我们不散。祝前程似锦,未来可期。最后祝老师身体健康!老师,您辛苦了!

张群佳

在三年中收获很多,在这三年里留下美好回忆,我会将这份美好的回忆藏在心中,化为我们最宝贵的财富。愿二○二○届一班全体同学前程似锦,顶峰再会;时光不老,我们不散。

王琦

三年很短,感谢相遇。遇到你们是我一生的幸运,希望你们都好好的,我们花开再会。

希望李老师可以多一些休息的时间,多喝水。老师您喉咙不好,要多加保护。

于亿鑫

相逢又告别,归帆又离岸,既是往日快乐的终结,又是未来幸福的开端。希望自己的梦想能够实现,也祝同学们未来能有份自己喜欢又挣钱多多的工作。祝前程似锦,未来可期,我们顶端相见!同时祝亲爱的李老师身体健康,心想事成!一起加油!

吴鹏森

感谢三年来您对我的帮助和鼓励。现在的我虽然成绩不行,但我的自控能力已得到提升。谢谢您! 您辛苦了。

张桐瑜

挺好的! 和大家在一起很开心,有说有笑。希望大家都能好好的! 也很感谢老师对我的教导。

虎林

亲爱的李老师:

您好! 祝老师身体健康,万事如意,天天开心,天天快乐。

段彦硕

致离别:老师,我一定认真生活,保持乐观,对大专生活做好规划,使未来充实丰满,平淡过完一生。

张鹏程

非常感谢三年来李老师和同学们对我的关照。这三年让我认识了很多,明白了是非,学到了很多道理,交到了很多朋友。所有的经历回想起来都是一笔宝贵的财富,真的万分感谢。

郭云鹏

李老师,您教了我们三年,您的白发多了。您辛苦了!

唐铸瑞

愿我们二十年后还能再次相聚。感谢三年来老师和同学的关怀。

杨舒朝

这使我永生难忘。

张宝麒

未能参加毕业典礼的刘美慧发来了微信：

李老师，感谢您三年以来的教导。三年过去了，我们毕业了，我们都该奔向不同的人生道路，挺感谢您的。今天您在班里举行毕业典礼，我没有参加，特别遗憾。等以后有时间我一定常去学校看您，望您在以后的生活中工作顺利，身体健康，家庭幸福美满。一定要注意自己的身体，爱您！！！

刘美慧

同心篇

　　我想以温和平等的笑容告诉你，彼此携手，真诚相待，扶孩子们走向美好的未来，是作为老师和家长最好的姿态。

"找茬儿"家长来了

　　一天,学生源的妈妈来找我。

　　一进门,她就显得怒气冲冲:"李老师,请你把英语老师叫过来,我得问问她到底想把我儿子怎么样? 不行我就找校长去! ……"

　　说老实话,能见到源的妈妈,我着实有点惊喜的感觉:自源上初中两年多来,他的妈妈从未来过学校。遇上有事,都是源的爸爸来,而他也总是匆匆而来,匆匆而去,从不过问源的学习。其实,我早就想让源的妈妈来学校一趟了。

　　据了解,源平时同他的姥姥在一起生活,只有周末才回自己家。这孩子学习成绩很差,他在我面前比较听话,但在其他老师面前就没那么老实了,课上常有捣乱的事情发生,尤其是在英语课上。

　　怎么回事? 难不成是因为昨天上英语课时,源同临时代课的老师发生冲突的那一档子事吗? 顾不得那么多了,先稳定住她的情绪再说。这么一想,我赶紧热情地请她坐下。

　　果然不出所料,源妈妈气呼呼述说的,正是此事。

　　可是这件事情我已经妥善处理过了呀,为什么以前从不肯来学校的她今天可以专门为这事而来? 看来,这是一位不太会教育孩子而且还有点护短的家长：平时不关心孩子的学习，可一旦认为孩子受了委屈，不问青红皂白就要来学校"找茬儿"。

我一边听她讲述，一边暗自思忖：要找一个合适的话题切入点，同她好好聊聊，然后再给她做工作。

我仔细打量源的妈妈：脸色蜡黄，时尚的发型和衣装依然掩饰不住她的疲倦无力。我倒了杯水递到她手里，关切地问："看起来你身体不是太好啊，怎么回事？"

没想到，这一问就使她的眼泪夺眶而出。她说："我一直身体不好，现在连班都不能上了，整天待在家里。源他爸爸常年在外做保险业务……"

我赶快拿过纸巾递给她。专注地倾听完她的诉说，我同情地说："唉，真是不容易。怪不得我们开家长会从没见你来过，你一定要注意自己的身体啊。其实源这孩子虽然在课堂上有调皮捣乱的现象，但和我的关系处得很好，我很喜欢他呢。"

"真的吗？那就太感谢李老师了！我们源因为调皮，在小学的时候就很不受老师待见呢。"源的妈妈眼睛一亮。

气氛缓和下来了，我们的谈话越来越愉快。

看看时机已经成熟，我把话题转到了源同临时代课的英语老师发生冲突的那件事上：我们本来的英语老师休产假，学校临时聘请了一位代课老师。源上英语课时说怪话捣乱，代课老师阻止他，他却一边顶撞老师一边拿起一瓶水故意"咕咚""咕咚"地大口喝，引得全班哄堂大笑。老师气急了，一边说他是"渣滓学生"，一边夺过他的水瓶狠狠地摔在地上。我已经私下里同源谈了话，指出了他的错误；之后又找到英语老师，告诉她遇上这类突发事件，应当用温和的手法对待而不该简单粗暴地处理，更不能使用侮辱性的语言。对此，英语老师表示完全接受。

听完我的话，源妈妈的火气没了。

我告诉她："我们的代课老师是个很负责任而性子又直率的好人，她也是被气急了才那么做的。这件事情咱做个换位思考，假如你是英语老师，一个小孩子在课堂上那样跟你捣乱，你会怎么处理？你再设想一下，假如其他同学的家长知道了因为咱们源捣乱，老师上不成课，他们会是什么反应？肯定是不答应！不过，话说回来，你能主动来学校找我，我很高兴。请你相信，老师同咱们学生家长是朋友而不是敌人，大家的目标都是一致的，都想要培养学生成人、成材啊。以后，如果对学校、老师有什么意见或建议，欢迎你随时与我沟通。作为班主任，我一定会全力帮助你解决问题。但切记不要在孩子面前随意评说老师的不是，更不要不完全了解事情真相就来兴师问罪，那样会影响孩子与老师的和谐相处。回去要告诉孩子，我很喜欢他，英语老师也认识到了自己工作的不妥之处。更要让孩子认识到，他的做法是错误的，以后应当努力改正……"

"谢谢，谢谢李老师！"在连声道谢中，源的妈妈满意地离开了学校。

第二天，我发现源的面貌大为改观：衣服比以前穿得干净整齐多了，到教室后没有那么多话了。

看着安安静静坐在座位上的源，我心想：班主任在接待家长的时候，首先拉近彼此间的距离，以平等、平和、关爱的心态与他们沟通，消除隔阂，避免冲突，是多么必要啊。

我被学生顶撞后

下午,午读时间。

大家正在安静地自习,枫和珊两个女生一前一后、大摇大摆地走进了教室。

这两个女生,最近特别出格:上课不听讲,下课不学习,整天手拉着手满校园跑。结成伴儿后她俩的胆子更大了,据说她们还跑到七年级去收"保护费"。

我心里总有一种强烈的感觉:她俩天天混在一起,绝对不是好事,不知道会做出多少出格的事情。枫的妈妈也意识到了这一点,不止一次来学校,和我一起连说带哄地劝说她们俩不要在一起玩。特别是今天上午,我也才刚刚教育过她们。可是,转眼之间,两个人又难舍难分了。

直觉告诉我,她们两人的背后,肯定藏了不少家长和老师意想不到的秘密。再联想到近几天几位任课老师普遍给我反映的"枫和珊搅得班里上不成课"的问题,霎时间,真是"火从心上起,怒向胆边生"。我当下便脱口而出:"你俩怎么又一起来了?该不会又那么巧地偶遇了吧?"

其实,话一出口,我就后悔自己的冲动了——像枫这样的问题学生,把她逼急了,她就会不管不顾,实在是应该和她们私下里说啊。

　　枫伶牙俐齿地回道："我们就是在那边一个路口碰见的。"她撒谎本领之老到,我是深深领教过的。

　　"不可能!"我转向珊,"到底是怎么回事?"

　　"就是在路口碰见的。"珊的眼睛里闪过的一丝迟疑被我捕捉到了。

　　"就是碰见的嘛……"伶牙俐齿的枫又要说话了。

　　"你不要说话! 不要跟我绕弯……"我怒斥道。

　　这哪里还是平常的那个我了! 简直有点失控。

　　"我怎么就不能说话! 你去问问,我们是不是碰见的! 你给我妈打电话问啊,你问啊!"小小个子,看上去就像个小学生的枫,昂首挺胸,大义凛然,嘴巴像连珠炮一般。

　　所有在场的人都惊呆了。

　　我愣了一下,旋即喝止枫,可她还是一句接一句地顶撞。

　　刚好政教主任来转班,看到这一幕,叫出了枫和珊。

　　我呆呆地站在那里,只觉得血液一股一股地往上涌,太阳穴开始发胀。但经验提醒我:冷静,一定要冷静! 对方只是个小孩子!

　　这时有学生怯怯地小声告诉我:"她俩可过分了……"接着全班学生七嘴八舌地开始"声讨"她们的过分行为:喝酒、抽烟、跟外校的高中学生谈恋爱……我吃了一惊,随即想到:情况十分严重,需要让两人的家长过来。

　　根据学生们反映的情况,如果再不通知家长,这两个女孩子要彻底毁掉了,我这个班的班风也被她们彻底搅坏了! 但如果不是这些正直的孩子们,我哪里会轻易知道这些事情! 感动之余,我由衷地感谢大家说:"同学们都有正直向上的品格,我很欣慰。你们的正直既挽救了这两个同学,也避免了自己受到不良影响。给大家点赞!"

　　此时的枫已经被政教主任教育得来给我道歉了。这次她说了实话:

上午,珊和她一起去她家了,所以后来就一起来上学。但我很明白,枫说的这些,跟她们瞒着老师和家长做的其他事情比起来,只能算是个"小儿科"。事情才只是开了个头,既然已经闹到这步田地,那就趁机彻底解决一下她们俩的事情吧。

多年做班主任的经验,让我深知近几年来的"世风日下":有不少学生家长是多么无视甚至敌视老师教育学生的良苦用心。珊的妈妈一直感激我对珊的教导,平时跟我沟通较多,而枫的妈妈则是既不明事理又护短。我决定邀约这两位家长明天上午同时来学校——也许珊的妈妈在关键时刻会助我一把,有利于更顺利地解决问题。

放学后,枫专门跑到我跟前,和我说再见,神情格外乖巧。我心里暗自为她的懂事而高兴,语重心长地叮咛了她一番后,我们友好地说了再见。

晚上,有几个学生不约而同给我发来了许多截屏:都是枫和珊在 QQ 空间里发的那些喝酒、贪玩的照片。

第二天,珊和枫的妈妈先后到了,我叫枫和珊也过来。

珊的妈妈看见我就道歉:"李老师,真是不好意思,又给你添麻烦了。"枫的妈妈则一言不发坐在一边,表情冷冷的(我能感受到她的敌意)。

我先把相关截屏给珊的妈妈看,然后和枫的妈妈交谈,告诉她班级同学们反映的情况。

"孩子回家说,你说话太狠,伤了她的自尊心。"枫的妈妈冷冷地看着我。

怎么?不说孩子顶撞老师的事,倒先对老师兴师问罪了。我暗自抽了一口冷气。稍定定神,我叫来枫:"昨天你跟我谈得好好的,怎么现在又说什么伤你自尊心了?你说说看,我对你说什么狠话了?"

"你曾经说,我爸不在了,说我不争气……"

"孩子,老师的意思肯定是说你爸不在了,你更要争口气,好好学习,别胡来。这是好意啊,能算是狠话吗?"珊的妈妈在一边忍不住插话了。

还真的是这样,我刚刚得知枫没有爸爸时,十分同情她,就苦口婆心嘱咐她不要贪玩,要争气。怎么如今竟扯出这个来了?看来,这个枫真是够难缠的。

"同学们对你们啥评价,班风也受到影响!你们都犯了众怒了!再说了,老师管你们还不是为了你们好?居然还跟老师顶撞,怎么能这样!"珊的妈妈倒是心直口快。

枫的妈妈不再说话了。我把枫发的 QQ 空间的截屏给她看。

这边,珊的妈妈气愤地说:"这俩孩子疯了!怎么能做出这样的事情!"

看着截屏,枫的妈妈也低下头,沉默了。

"你怎么想?"我问她。

"想不到,真是想不到。"她哀叹道。

"按理说,孩子做的很多事我不应该过问,因为那都发生在周末,是家长监管不到位甚至就没有监管造成的……"

珊的妈妈也说:"是啊,老师还不是对你们负责任吗?还跟老师顶撞,这是错误的!"

渐渐地,枫的妈妈态度转变了:一边恨恨地数落枫,一边给我道歉。最后,她主动提出来:"你俩要各自写一份检讨读给全班同学听,要给老师道歉,给全班同学一个交代!"

我明确告诉她们两个孩子如果能纠正以前的行为,那么既往不咎;如果以后再不改正错误,那么就只有让学校出面来处理她们。

"要是真到那个地步的话,你们俩麻烦就大了!你们这样破坏班风,影响那些好孩子学习,看看人家家长和同学怎么收拾你们,说不定到时候连老师也控制不了局面!"珊的妈妈盯着两个女孩子,恨恨地说。

枫的妈妈也连忙附和。

但是,事情到此还不应该算结束。我想好了,我要在班会上教育学生们:回家向家长撒谎,最终害的只能是自己。我还要在家长会上告诉家长:如果孩子回家告老师的状,一定要搞清楚真相再说。否则,一味偏听偏信孩子的一面之词,不问青红皂白指责老师,袒护犯错的孩子,最终只会害了自己家孩子。

反观此事,我的感悟就是,对于那些不明事理、不懂得如何引导和教育孩子的家长,有时借助外力和证据也许是唤醒、教育他们的好办法。

我暗暗告诫自己:"这次事件,多亏了学生们的提醒,多亏了珊的妈妈助力,否则,不知道会发展到什么地步呢。自己必须从这个事件中吸取教训——面对问题严重的孩子,一定要在私下里冷静处理。不可冲动,不能冲动!"

我是真没办法了

一听说学校准备为全体八年级学生举办"14 岁集体生日"仪式的消息,学生们中间便炸开了锅。他们除了聚在一起讨论,还一次次跑来问我:老师,学校到底会怎么安排我们过集体生日?

这一天终于来到了。周五下午,学校先举行了隆重的集会,领导、教师代表、学生代表分别从不同的角度诠释了这个仪式的重大意义以及学校对同学们的期望,之后便让各班回自己教室分享蛋糕。当那个硕大的蛋糕被小心地摆放在我们的讲桌上时,孩子们欢呼起来。我满面笑容地和班干部们先点燃蜡烛、拍照、发家长群;接着,吹蜡烛、许愿,然后又给学生们讲这个集体生日的意义——意味着你们长大了,该懂事了,该有责任担当意识了……

我语重心长,声情并茂,学生们坐得端端正正,双眼圆睁,眸子里闪着兴奋的亮光。我说一句,他们点头应一下——真是一幅动人的场景啊!

"好了,现在,让我们来分享甜蜜的蛋糕!"

"哦——耶!"我的话一出口,学生们更兴奋了。

突然,一声怒骂如同炸雷般响起。

我愣住了,全班同学也都愣住了。

定睛一看,是豪。我感到火气和血液一下子涌到头顶:"豪,你是怎么回事?!"

霎时间,班里的欢乐气氛从山巅跌到了谷底,空气如凝固了一般。

"老师,强喊着我的名字,对我竖中指!"豪看着我,大声说道,一脸的委屈和气愤。

事情的来龙去脉很快调查出来了。是的,就在我和几个班干部忙着切分蛋糕时,强无缘无故地叫着豪和森的名字,嬉皮笑脸地向他们竖起了中指。强是个转学生,刚到我们班两三个月。

要知道,初中三年,学生们只有这一次集体过生日的机会,而且意义非同寻常:对他们来说,这是个很好的成长契机。更何况此时孩子们和我都沉浸在这温馨美好的氛围里。可是,所有的美好,都被强破坏掉了!

学生们都睁大了双眼,看我的反应。

我必须发火。尽管我知道自己气血不足的身体和易犯的头痛不允许我这么做。

"强,你混蛋!你怎么能做这么恶心的事!"我眼睛里喷着怒火,盯着强。

他一声不吭,也死死地盯着我,眼神里却透着敌视和不服气,眼睛甚至有点发红。

"同学们初中三年,只有这一次过集体生日的机会。这么庄重的场合,大家都这么开心、这么激动,你却故意搞破坏!你很明白对别人竖中指是什么意思,是什么行为!你知道这样的行为有多恶劣吗?"我接着怒斥。全班安静极了,是一种冰冷的安静。

强一声不发。

我该适可而止了,更重要的是,不能让强的行为彻底破坏这次活动的意义。我强迫自己平静下来,继续为学生们切分蛋糕:"来,咱们继续吃蛋糕,要高兴起来啊!"

班里开始有了点动静,但当初的欢快已经不复存在,沉默成了主旋律。

放学后,我把他留下来,冷冷地,一字一句地说:"你今天做得特别过分,影响十分恶劣!我非常生气!请你回家告诉家长,让他周一早上务必到学校来一趟。"

强答应了,脸上是一副满不在乎的表情。

看到他离开教室走远了,一群男生这才围过来,七嘴八舌地向我控诉:"老师,别让他在咱们班待了,他太祸害咱们了!"

"他总是对我们动手动脚,特别凶狠。还爱欺负弱小的同学,比如总是强行挟制住灏,狠命把他往墙上挤,还一连声喊他'渣男'。"

灏是一个白净文气的男孩子,个子小小的,学习很用功,做班干部也很负责。

"他总是从背后用膝盖袭击我们,把我们撞得可疼了!"

……

我知道,男生们普遍对这个大他们一岁、人高马大又爱动手动脚的强有点恐惧和反感。

到底该怎么办?周末,这个问题一直萦绕在我的脑海,挥之不去,搅得我心神不宁。最终,我决定先把这个皮球踢给强的家长,看他是什么反应。

周一早上,进到班里,我一眼看见强趴在桌子上睡觉。我叫醒他,他睡眼蒙眬地看着我,两眼通红。

"怎么大清早就睡觉?"

他支吾了一句什么,我听不清。

"请你家长来学校的事,你跟家长说了吗?"

他依旧支支吾吾。我明白了，他没跟家长说，也没打算说。我拿出手机，直接拨通了他爸爸的电话，问他能否尽快来学校一趟。

"能，能!"很快，强的爸爸赶来了。

我尽量平和地给他讲述了事情的经过以及班里学生对此事的强烈反应，然后，静静地望着他。

"我说呢，这段时间他一直风平浪静的，我就觉得不大对劲，我自己的孩子我很清楚。老师，你说，该怎么办?"强的爸爸倒很通情达理。

"我也是真没办法了，才叫你来的。"我苦笑着说，"以前他惹了事，我都是自行解决，并没有通知你。我认为孩子一有问题就请家长，教育效果反而不好。再说了，你也要忙自己的工作。可是没想到，强现在在班里越来越放肆了。这次，他的影响太恶劣，我也实在是没招了，才请你来的。"

接着，我告诉他：我在管理班级中采取的是"成才先成人"的理念，即想方设法教导每一个孩子首先做一个正直善良、阳光向上的人，对学生施以"严慈相济，走进心灵"的爱的教育模式，收到的教育效果是极好的。然而，如今到了强那里，好像都失灵了。

强的爸爸表示十分赞同我的教育理念，沉吟了好一会儿，他说："这样吧，李老师，我把他带回家两天，让他好好反思。怎么样?"

"好! 我觉得你这个方法不错。"我说。

我把强叫出来，直接指出他不学习、爱惹事、好撒谎三大缺点。然后，他的爸爸又一次讲到他制造的这次事件的恶劣性质。最后，我告诉他需要回家反思两天的决定。

强有点不情愿。他爸爸喝斥了一声："惹了那么多事，你还有什么可说的!"他这才低下头不吭声了。

我嘱咐强："我一接触，就发现你爸爸是个很有修养很通情达理的人。这两天在家里，你一定要多听你爸的话，多向你爸学习……"

当天晚上,强的爸爸给我打了个电话,告诉我他回到家是如何对强进行教育的以及强这一天来的表现。我一再肯定他讲道理有水平、教育孩子有方法,等等,也告诉他我在教育强这方面所下的功夫、所用的苦心——总之,我遵循的原则是尊重、理解、认同和友好。

强的爸爸一再对我表示歉意以及他对我的高度评价。我们的沟通很愉快,我嘱咐他让强认真写个书面反思和认识,周三早上去学校时交给我。他连连答应。

第二天,一到课间,一群学生就围上来问我:"老师,强还来上学吗?"他们再一次争先恐后地向我表达了对强的厌恶。我强烈地感受到强对学生们内心造成的负面影响太大了,导致班里不少男生都有一种不安全感。

思考良久,我拨通了强的爸爸的电话,如实告诉他学生们对强的惧怕与反感,并表示了我的忧心:万一哪天强犯了众怒,惹出事情来,对谁都不利。我们必须以此事为契机,帮助强彻底改掉毛病。

"行!李老师,你说需要我做什么吧,我全力配合!"对方的语气很真诚,也很坚定。

"那就这样吧,你先把这个意思传达给强,让他自己在心里思量思量。然后孩子该来学校时,你陪他一起来学校。我想请你到班里给学生们讲一讲话,替强给大家道个歉,保证强以后不再打架惹事欺负人,以消除孩子们对强的坏印象和他们内心的忧虑,争取让强早点融入班集体,和大家友好相处。"我是推心置腹的语气,"你肯定能说好的,你那么会讲道理,讲得又特别到位。"

"好的,李老师,好的。"他满口答应。

第三天早上,强和他的爸爸如约而至。一见我,强就拿出他写的反思,恭恭敬敬地双手递给了我。我问他,通过这两天在家里的反思,认识到了什么。他说,知道自己犯的错误特别严重,以后一定敬重老师,听老师的话,还要改掉跟同学打闹的毛病,跟大家友好相处。

我语重心长地说:"强,一定要充分吸取这次事件的教训,彻底改掉毛病。你比班里同学大一岁,应该比他们更懂事,也应该为自己的行为负责。你爸就是个很负责任的人,这次他先替你把责任承担起来,以后,你就必须自己为自己负责了!"

看到强一迭声地答应的神情是真诚的,我便示意他的爸爸到班里给同学们讲话。我告诉学生们:"对于上周五发生的那件事,强的爸爸觉得很抱歉,他想替强给同学们讲几句话。请大家鼓掌欢迎!"班里响起了热烈的掌声。孩子们都瞪大了眼睛,等着听强的爸爸说些什么。

出乎所有人的意料,强的爸爸居然先郑重其事地向大家行了个标准的军礼!开始讲话时,他的表情十分庄重严肃:"同学们,我是一名退伍军人……今天我想给大家讲三点。第一,我要替强向大家道歉……第二,我已经教育了强,以后一定要尊重老师,对同学友好,绝对不能再惹是生非……第三,我当年在空军部队时,因为年轻也和战友有过矛盾,但到了如今的年龄,我们再见面就只剩下亲密了……希望大家重视同学情谊,包容一下强,再给他一次机会……"

说着,他的眼睛里有泪花在闪烁。孩子们都被打动了,热烈地给他鼓起掌来。我也被打动了:"同学们,咱们大家就包容强以往所犯的错误,再给他一次机会好不好?"

"好!"孩子们齐刷刷地答道。强的爸爸很是激动,又一次立正、站直,给大家行了个标准的军礼。

我到教室外,请强进班。

送强的爸爸离开时,我对他伸出大拇指说:"讲得真好!层次清晰,逻辑分明。以后你就做我的副班主任得了。"他有点不好意思地笑笑:"李老师,给您添麻烦了。以后一旦强再犯错误,请一定及时通知我。"

这以后,强的变化真是大:对我不仅有礼貌,甚至还越来越亲近了;他在班里不再跟同学打闹了;他开始写作业了……

几天后,我想,应该给强的爸爸反馈一下,以进一步巩固"战果"。我给他发了微信:"强的爸爸,你好! 上次你去班里给孩子们讲话的效果非常好,孩子们纷纷向我表示很是崇拜你呢,现在他们与强的关系融洽多了。整体来说,强这几天进步很大,很值得肯定! 下一步,请你告诫他:1. 不要往班里带零食,更不要分给同学吃;2. 要及时回班,不能跟外班的同学打闹。为了孩子的健康成长,我们一起加油!"

强的爸爸很快回复了我:"李老师好! 上次进教室之前,我还是有些紧张的,其实我也没感觉讲得有多好,只是用心来对待这件事了,说的也全都是心里话。在部队几年的锻炼,对我影响特别大,有时候无意当中就带出军人的作风来了。我一定督促强严格要求自己,进一步改掉自身的毛病。"

我鼓励他:"你那天讲得真好! 把孩子们都打动了。以后有机会的话,可能会真的邀请你来给孩子们讲点什么呢,这样对提升强的形象、促进他和同学的关系也会很有帮助。"我还在文字后面加了个大拇指。真的,我准备到开学后,孩子们升上九年级了,邀请强的爸爸来给孩子们讲讲部队的事情,给他们的学习鼓劲加油呢。

"谢谢李老师的肯定,只要不是因为强犯错而去,我还是很乐意和孩子们聊聊天的。"他在文字后面加了个笑脸。

"让强加油! 争取下次光光彩彩地邀请你来给孩子们讲话。不过,这次你绝对没丢面子啊,收获了那么多粉丝。"我在文字后加了个大大的笑脸。

强的爸爸一再表示感谢。

后来,强喜滋滋地主动告诉我:他的爸爸在回复我微信的时候,让他在旁边看着呢。说这些的时候,强看向我的眼神是自豪的、亲近的。

"好啊,下次你爸爸能不能光光彩彩地来给咱班的同学讲话,就看你的表现啦!"我趁机将了他一军。

一段时间后,我对学生进行民意调查:"你们觉得强这段时间有变化吗?"

"天壤之别!"一个学生脱口而出。

"嗯,嗯,是的,是的!"其他学生笑看着我,连连点头。

毕业后,强来看我。此时,特别懂事、礼貌的他,眼睛里闪着泪光。

住院记

因为头天晚上一位学生家长一番有些胡搅蛮缠的电话,再加上年龄的缘故,早上起床后,我头部有些胀痛和晕眩,手臂也微微发麻。

我感觉应该到医院看看。幸好学校与市中心医院只有一墙之隔,上完课,我赶快到医院就诊。

接诊的是王大夫,他女儿妹曾经是我的学生。尽管孩子已经毕业好几年了,王大夫依然对我热情相待。听我讲述过病情,又做了仔细诊断之后,王大夫建议我住院治疗。

做完检查,我躺在了医院的病房里。

眼看着药水顺着透明塑料管一滴一滴进入我的血管,再想想自己住院的起因,一阵阵委屈和悲凉一次次袭上我的心头:作为一名年近五旬的教师,我那么爱我的学生,对工作那么负责认真,到头来却……

我感觉,那一滴滴药水,分明就是悲凉的泪水!

我狠狠地闭上眼睛,一遍遍告诫自己:不想那么多了!班主任坚决不干了!

"李老师,我来看您了……"

昏沉之中,耳旁传来一个似曾相识的声音。我忙坐起来,恍惚之中,眼前站着一位大夫,似曾相识的模样。

哦,想起来了,是我另外一个学生熙的爸爸——于大夫。我大概记得他是胸外科的大夫。

"熙的爸爸怎么来了?"我心里疑惑。

大概是看出了我的心思,于大夫微笑着告诉我:"王大夫告诉我您住院了,我来看看……"

一阵暖流淌过心田。

聊了一阵子,于大夫急匆匆地离开去忙工作了。

晚上,六点多的时候,又听到一个亲切的声音:"李老师,好些了吧?"是维真的妈妈,妇产科的徐大夫,微笑着走进了病房。

"李老师,我上午就听说您住院了,因为在门诊坐诊腾不出时间来看您。只好下班后才过来……"

说了一会儿话,我催促徐大夫赶快回家。我知道,她的工作特别繁重,下班后的时间极其宝贵。

目送徐大夫离开,我在感动中陷入了沉思。

对于徐大夫,我也比较熟悉:人品好,医术高,对病人很有耐心,工作责任心极强。为了多看几个病人,经常连水都顾不上喝一口。当年,王大夫、于大夫、妇产科徐大夫的孩子都是我的学生,三人同在一个班。三个女孩子,清一色的修养好,清一色的清纯善良。再加上我很清楚她们做医生的爸妈工作有多么繁忙,多么辛苦,根本顾不上管孩子,就格外心疼她们。

现在想来,三个女孩子之所以有着良好的修养,与她们的家长、家庭有着密不可分的联系啊。

我暗自长叹一声:如果学生家长都能像这几位大夫一样,有那么好的修为和人品,那么,工作再辛苦,我也心甘情愿啊!

在走廊上活动的时候,我看到了关于王大夫的简介,敬意油然而生:擅长各种严重创伤疾病的外科手术治疗,曾作为郑州市高端人才被选送到中国协和医科大学、中国医学科学院胸外科研修……

此前,在我的印象中,王大夫工作很忙,很少有时间参加家长会。偶尔来一次学校,也是来去匆匆,话语不多,只是带着谦逊的神情在一旁安静地听。不承想,原来他是医疗方面的权威专家。

周六晚上,王大夫急匆匆来到病房,和我聊起我的病情。看他神情显得有些疲惫,我惊讶道:"王大夫,您周末还忙啊?"

他笑笑说:"我今天在一个学术会议上做了个发言,许多外地同行很感兴趣,说是对他们启发很大,就交流了很多,刚刚赶回来。"

"那您明天可以休息了吧?"

王大夫又笑了:"明天将会是更加忙碌紧张的一天。我要和北京来的专家一起做好几台手术。"

"那您没有休息时间怎么能行?"

"我都十几年没有歇过公休假了,没事,习惯了。有时候,我想把七十多岁的父母从老家北京接来住几天,也老是没时间。没办法,病人太多,放不下……"王大夫的脸上依然是平和的笑容。

"别的医院不敢再接收的重病号,我们王大夫也收治呢。"旁边一位年轻大夫说道,眼睛里满是敬重。

"那次手术,用了整整十三个小时。做完手术,我累得在走廊的地上靠墙坐了半天……现在,已经过去三年了,这位病人的状况很好。"王大夫略有些疲倦的脸上带着微微的笑意。

医者仁心,我能体会到他内心的自豪和欣慰。但我难以想象:连续十三个小时不休息的工作强度,而且是精神高度紧张,脑力劳动和体力劳动兼而有之的工作量,该怎样去承受?

"能多救几个是几个吧，医生这个工作，干的就是良心活。"

第二天早上，刚过七点，王大夫就来到了病房。看见他，不少病人和家属都围了上来，和他聊自己或家人的病情。王大夫微笑着，耐心地逐一解答每个人的问询。

八点多，他急匆匆地向手术室走去……

直到下午六点钟，他才走出手术室。

再见到王大夫，他依然是微笑着的，依然耐心细致地回答着病人和家属的各种问询。

我忽然想起，唐代医学家孙思邈语曰："凡大医治病，必当安神定志，无欲无求，先发大慈恻隐之心，誓愿普救含灵之苦……勿避险巇，昼夜寒暑，饥渴疲劳，一心赴救，无作功夫形迹之心。如此可为苍生大医。"

那么，王大夫他们不正是这样的"苍生大医"吗？

再想想他们面对病人时的温暖笑容，徐大夫为病人做诊断时真诚体贴的目光，我想通了：每项工作有每项工作的不易，每个人有每个人工作中的辛苦和委屈，也许，这才是工作的本来面目吧。

渐渐的，自己刚住院时的委屈和悲凉消散了。我决定：出院后，继续做班主任，继续爱我的学生们，继续引导他们做正直善良、积极向上的人。

孩子实在太难管

依然处在因疫情而延长的"假期"中。

"神兽"们整日蛰伏家中，"虐"父母家人的花样层出不穷。于是，不少家长纷纷向我"告状"——一边历数孩子在家里玩手机、不听话的种种"罪状"，一边明确向我表示自己面对孩子时的无奈和无力。有个学生的姐姐就不止一次向我哭诉：她实在管不住那个淘气贪玩的弟弟，自己被气得快要崩溃了。

这不，我的直播课刚结束，珍的爸爸就打来了电话。

"李老师，知道您很忙，实在不忍心打搅您。可是，这次我实在是太生气了，生我家丫头的气……"

这有点儿出乎我的意料。

珍的爸爸是位律师，文质彬彬的，修养很好。每次见到我都非常尊敬，言必称"给您汇报一下"。珍的妈妈一看到我在家长微信群里发通知，就会回复"收到，谢谢李老师"。

这样家庭里出来的孩子，修养自然也好。他口里的"丫头"珍，在我眼里就是个乖孩子，是个优秀学生呢。她不仅守纪律、爱学习，而且十分尊敬老师，对同学真诚而热心，对班级事务也是非常积极主动，经常被我表扬。只是，这丫头原本不是我班上的学生，她是在八年级的时候转学到我班里借读的，学籍还保留在原来的学校。

"李老师，事情是这样的。咱们学校网上考试才没过几天，丫头原来的那所学校也要进行网上考试了。那边的班主任问我要不要让她参加，我主张她参加一下，这样最起码可以起到一个练习的作用。可是，这丫头无论如何不愿意！昨天晚上我一生气，说了不少批评她的话，她这就跟我闹僵了！今天还在跟我赌气，也没上您的网课。李老师，这段时间一上网课我才知道，孩子实在太难管啊，太气人了！"

听着珍爸爸的述说，我想起来了，珍今天是没有上网课呢。

我安慰他说："别生气。其实这丫头是个很好的孩子呢！她偶尔在自己的爸爸跟前要要小性子，也是正常的。等会儿我给她打个电话，问她为什么没上课，听她怎么说，然后我再和她聊。"

过了一会儿，我拨通了珍的微信电话，电话很快接通了。

电话那头传来珍带着哭腔的声音："老师，对不起。我今天没有按时上您的课……"

"怎么了，珍？我打电话就是想问问你今天为什么没上课。"我装作什么都不知道。

"我跟爸爸吵架了。他说我没出息，是故意逃避……"一句话触到了伤心处，小姑娘忍不住又抽抽搭搭地哭了起来。

"好孩子，别哭。你详细告诉我，究竟发生了什么。如果是你爸爸的责任，我一会儿就给他打电话。"

珍一边抽噎一边给我讲，事情的经过和她爸爸说的差不多，只是嫌爸爸说话太伤她的自尊了。

最后，她说："我之所以不想参加那边的考试，并不是要逃避什么。我是考虑到，我原来的那个学校跟咱们的复习进度不一样，肯定考试范围也不一样。"

"嗯,不错,你考虑得很周到。不过,不管现在两所学校的复习进度、考试范围差别有多大,将来中招考试的时候,大家用的都是同一套卷子啊,就没有任何差别了。我倒是也希望你不要考虑复习进度、考试范围什么的,去参加一下考试,权当它是一次练习好了。而且,我还有个小私心,就是想让你把人家的考试内容给我反馈一下,说不定对咱们的复习有很好的借鉴作用呢。"

"哦,是这样啊……那好吧,老师,我参加这个考试。"珍回答得很干脆。

"真是个好孩子!你爸爸那边,待会儿我就打电话说他。不过,你也要理解一下爸爸。现在正处于疫情期间,他待在家里,不能出去工作,肯定心里着急啊,一着急把话说重了。其实这正是爱你的表现呢,有句话不是说了嘛——'爱之深责之切'。"

"嗯,是的,老师,我知道了。要不,您就不要打电话批评我爸爸了。他这些天也的确挺着急挺忙的,一直在同别人打电话联系工作上的事情。"

"好孩子,真不愧是爸妈的贴心小棉袄!可是,我想尽快看到你们和好呢。"我笑了。

"放心吧,老师,我现在就主动去找我爸爸和好。"

不久,珍的爸爸又给我打来了电话:"李老师,真是不好意思啊,给您添麻烦了。不过,不找您还真不行。刚才丫头给我端了一杯水过来,哎呀,让我心里一热呀,眼泪差点掉下来!谢谢李老师啊,谢谢。"

我呵呵笑了:"我就说嘛,女儿是爸妈的小棉袄,孩子打心眼里体贴你啊!人家不让我打电话批评你,还心疼你忙。知足吧,你家女儿好管多啦!"

"我要向学校讨说法"

距离中招考试还有 5 天。

学校里，一切都在紧张有序地推进着。刚上完课，我就跑到教务处去核对学生准考证的情况，生怕出什么纰漏。几位九年级的班主任也都在那里，各自忙活着这项工作。

突然，有电话铃响，是我的手机。我一看，是坤的妈妈打来的。"李老师，我现在在学校门口，有事。你出来一趟吧。"语气里带着强硬和命令。我想，这也许是因为疫情期间，学校不允许学生家长进学校的缘故吧。

"你稍等一下，我忙完手头的工作马上过去。"挂掉电话，我赶紧接着忙活。

没过几分钟，手机又响了，还是坤的妈妈："李老师，我等不及了！不行你就跟门卫说一声，让我进去吧。"

我只好先放下手头的工作，快步走向学校大门。

坤的爸妈都在学校门口。一看见我，坤的爸爸就喊叫起来："我得向学校讨个说法！为什么打我的孩子一拳……"

我一愣，赶紧制止他："先别喊。到底怎么回事，谁打了你孩子一拳？"

"一个男老师！那帽子是我孩子过生日的时候我送给他的。孩子去要帽子，他不给，还打我孩子……"

我无论如何听不出个头绪，就止住他："先别激动。你放心，不管发生了什么，我都会妥善解决的。这样，你先不要说什么，我把坤叫过来，让他讲清楚事情的来龙去脉，然后再给你说法。"

"让我去学校！我是孩子的监护人，我要见那个刘老师，我要向学校讨个说法！"

"你放心吧！不要激动，我不仅代表你这个监护人讨说法，还要以我班主任的身份去问问刘老师到底是怎么回事。"

说完，我快步走到教室，把坤叫出来："坤，你的爸妈现在学校门口，情绪很激动，说一个男老师为帽子的事打你了。你告诉我，究竟是怎么回事？"

坤忸忸怩怩地说："嗯……不是。我今天有点感冒，我爸妈是一块儿来给我送药的。"

"然后呢？"我盯着他。

"然后，我告诉他，政教处的刘老师打了我一下……"坤依然忸忸怩怩。

"打了你一下？可你爸说是打了你一拳。因为什么？"我顿时疑窦丛生。

"是打了一下。我去问政教处的刘老师要我的帽子，他不给我，还顺手打了我一下。"

"打得重吗？有没有伤痕？"

"嗯……没有伤，就是这样手背甩到了我这里一下。"坤比划着，小声说。

"可是到了你爸妈那里就成了'打了一拳'啊！你再告诉我，帽子是怎么回事？"我紧紧追问。

"嗯……我戴着帽子进学校，被刘老师看见了，他没收了我的帽子。这不是快毕业了嘛，我爸让我去问他要。因为那帽子是我过生日的时候我爸送给我的，我很珍惜它。"

我心里明白了个八八九九：本来不是什么大事，但坤和他爸妈讲述的时候，狠狠地夸大了事实，导致他那特别疼爱儿子的爸妈受不了了。

"这样吧，你爸妈现在大门口，很激动。你马上过去，按照你和我说的这些，不能走样地去跟他们重新说清楚、说明白。我这边去找刘老师核实一下情况。"

到政教处，见到刘老师，我才彻底明白了事情的原委：本来学校是不允许学生戴帽子进学校的。两周以前，戴着帽子到学校的坤被刘老师发现后警告了一次。可是，坤不听劝告，又一次戴着帽子来学校了。刘老师就没收了他的帽子并告诉他：等到你们毕业的时候，再把帽子还给你。可是，坤不听，一次次跑到政教处去缠着他索要。这一次，刘老师因为正在忙，就开玩笑地顺手甩了一下，叫他别再来纠缠。

"可是，现在坤的父母在学校门口喊着要见你，说你打了他孩子一拳，要向学校讨说法。"我苦笑了。

"什么？"刘老师又惊讶又有些哭笑不得。

我俩决定：让坤的爸爸来学校，我们当面把事情的经过说清楚。

坤和他的爸爸来到了政教处。

看见刘老师，坤的爸爸又激动起来："不管孩子有什么错，你都不能打他！他还是个孩子。给你明说了吧，我就这么一个儿子，我就是宠他！"

我担心发生冲突，急忙站在他和刘老师的中间，连声说："你先坐下来再说好不好？先坐下，坐下说话！"

我示意刘老师先不要开口。等坤的爸爸坐在沙发上，我开口了："坤的爸爸，任何事情都要讲前因后果，讲事情真相。你来的目的是要弄清真相，解决问题。可是你一直这么激动就没办法好好解决问题了。这样，你已经听坤讲明事情的经过了，现在你来听刘老师讲一讲经过好不好？我们不能只听一面之词啊。"

坤的爸爸这才安静下来。

听到刘老师说学校不允许戴帽子进校的规定时，他又插话："那帽子是我送给我儿子的生日礼物，孩子很珍惜它，却被你们没收了，是我让孩子来问你要的！"

我笑了："这就是你的不对了！作为教育和管理孩子的地方，学校有自己的规矩、纪律，每个学生必须遵守。学校规定不允许戴帽子，可是坤一再违反规定，刘老师没收他的帽子是应该的啊。更何况，他和坤说了好几次等他毕业就把帽子还给他，你却一个劲地鼓动孩子来讨要帽子。你这不是鼓励孩子不守规则吗？这还叫学校怎么帮你教育孩子呢？再说了，刘老师这么做就是要帮助咱们教育孩子的，咱应该感谢人家才对啊！"

等到刘老师讲到他是因为太忙，开玩笑顺手用手背甩了一下，碰到了孩子的时候，坤的爸爸又开口了："可我儿子说你打了他一拳头！"

"坤，刚才你是怎么给我说的？现在，你再来说说，真相到底是怎样的？"我忍不住插话了。

"对，儿子，别怕！是什么就是什么，要诚实，说吧！"坤的爸爸一边慷慨激昂地说着，一边去解儿子的衣服扣——他怕孩子热着了。

"嗯……嗯……"坤分别瞟了在场的人一眼，忸忸怩怩地说："不是打了一拳，是这样子……"一边说，一边又含糊地在自己的胸口比划了一下。

"那,疼吗?"他的爸爸不甘心地追问。

"不疼。"坤飞速瞟了我一眼,垂下眼皮不出声了。

刘老师开口了:"坤的爸爸,你心疼孩子我可以理解,但是要建立在教育孩子遵守纪律的基础上。否则,将来孩子到了社会上,你是让他守规矩还是不让他守规矩?"

我暗暗叫好:"说得好!"

"可是,再怎么样也不能打孩子啊。"坤的爸爸声音不再那么高了。

"给你重申一下,我当时正忙得不可开交,来不及和他多说什么;况且你家孩子因为违反纪律被政教处逮住好几次了,已经跟我很熟了,我就是开玩笑地轻轻甩了那么一下,没想到……不过,我还是要道歉,这确实是我做得不妥当。"刘老师苦笑道。

"是啊,你家坤跟刘老师很熟悉。学校里那些调皮捣蛋的男孩子往往会被政教处叫过来进行专门教育,一来二去地打交道多了,他们就和刘老师成了老熟人。有时候随手动对方一下,恰恰是亲昵的表现,哪里称得上是'打'! 再说了,稍微一想就知道,刘老师这么顺手甩一下也不可能给孩子造成任何伤害!"我忍不住说道。

最后,坤的爸爸同刘老师握手言和了。

小刘老师向我表示感谢。我说:"我还要感谢你呢,费心替我教育学生,还要受委屈。不过,咱们要从这件事里吸取个教训——即使是开玩笑,表达对学生的亲昵,也一定不要对他动手,以免引起不必要的麻烦。"

老师，咱俩永远做姐妹

　　暑假里，我和家人正在山里休假，电话响了。

　　传来一个焦灼的声音："李老师，不好意思，打搅你了，我真的是没办法了。我儿子不吃饭，也不出去玩，连他平时爱吃的零食都不吃了，只是一个劲地躺在床上玩手机。和他说话，他也不理我，急死我了。您帮帮忙吧，跟他沟通一下，我是不行了，方法全想遍了，都没用。他放了暑假，我让他跟我来了我在外地的工作单位，本来想好好照顾他一段时间，没想到结果却是这样……"

　　是学生家长，灏的妈妈。我心里一惊，又一沉。

　　在我这个普通班里，灏是个很乖的学生：因为爸妈在外地工作，他平时就跟爷爷生活在一起。这孩子生得白净文气，平时话语不多，有着良好的修养和自律能力，上课听讲很专心，作业写得也认真，成绩在班里一般都是第一名。可是，为什么一放假就变成这个样子了？

　　我想起来，有一次，他在外地工作的妈妈到学校找我聊他的情况。看到妈妈，灏的眼睛里透出的不是惊喜和欢悦，却是冷漠和疏远。再看看他的妈妈，因为工作的缘故，肤色黝黑，一副风风火火的模样，说话嗓门大、语速快，是性格直率开朗的人……

　　是不是灏和妈妈之间有了沟通上的隔阂？但，不管怎样，平时那么优秀的灏居然这样沉迷在游戏里，的确太可怕了。我得马上协调一下他和妈妈的关系,帮他从游戏里走出来。

"灏的妈妈,你把这事告诉我是对的,不要因为在假期就不好意思给我打电话。孩子因为平时没有和你生活在一起,可能会和你有点隔阂,这点你要清楚。还有,他是一个很文静懂事的孩子,读书多,懂的也很多,内心世界很丰富。所以,请你一定不要在他面前唠叨。否则,只会让他反感,从而引起他的逆反。"

"好的,老师,我知道了,我一定改!"

"你让灏接电话吧,我说说他。"

两分钟后,灏的声音传过来:"李老师好。"

"灏,平时你在老师心目中是个非常优秀的孩子,又懂事又自觉,学习成绩那么好,一直是我重点培养的好苗子。今天,听说你居然沉迷在游戏里,这让我既震惊又痛心,我无论如何想不到你会这样!你知道吗?咱们班的其他好多同学都在利用假期时间发奋学习呢……"

最后,我对他连嘱咐带命令:"赶紧放下手机,投身到学习中去!早上起床跑跑步,学习之余陪妈妈一起出去玩玩,放松一下身心。要理解妈妈的良苦用心,她平时为了养家糊口在外地辛苦奔波,现在你放假了,她就想好好地照顾你一段时间,你怎么能这么气她?我很喜欢你妈妈的性格,她开朗直率,可能你还不知道,我俩的私交很好呢……过几天,我还要给你妈妈打电话,做后续调查,看你是不是按照我的要求做了。不要让我对你失望啊!"

灏连连答应。

我不放心,过了几天,就给灏的妈妈发微信,询问她灏当前的情况。

"很有效果呀!那天您说过他以后,他就和我说,早上要早点叫他起床,要跟我一块跑步呢。老师,还是您说话管用。术业有专攻,您说一句比我说十句都强。"她给我发来了两个开心的笑脸。

"好!让我和灏通个电话。"

灏的声音又出现了:"李老师好。"

"你好啊,灏。我刚才向你妈妈了解你这几天的情况了,她表扬你呢。我就说嘛,我无论如何都不相信,你这么一个自觉自律的优秀学生,居然会傻到放弃学习,被无聊的游戏所迷惑。灏,加油啊!"

"嗯!我知道了,老师。"

随后,灏的妈妈又和我说了很多。

"老师,我也是大学毕业生,但为了生活不得不这样在外地奔波。不瞒您说,我是做兽医的,整天要跟禽畜打交道,所干的工作又脏又累……但我不怕,只要儿子能懂事,能好好学习,将来无论他上学上到哪一步,我都会全力供他!今天下班有点晚……"说着,她给我发来了她显得十分疲惫的照片。此时,已经是夜里十点多了。

承受着生活的重压而又勤劳能干、性格开朗,的确是个辛苦又了不起的妈妈!我怀着敬意和同情回复她:"你真了不起!今天你太辛苦了,赶紧休息吧。"

开学了。

我心里牵挂着灏的事情,就趁着自习课把他叫出教室。

"灏,你感觉自己目前的状态怎么样?对于未来考学有什么打算吗?"我笑看着他。

"还可以。我想好好学习,明年考上一所不错的高中。"灏推推鼻梁上的眼镜,看看我。

"好样的!我看准了,将来你就是一个搞研究的料,其他老师也都这么说。你妈妈很是为你自豪呢,她说你从小就很稳重,爱读书,做事心里特别有谱,周围的亲戚朋友都很看好你。你知道吗?我特别欣赏和佩服你的妈妈……"

话没说完,我停下来,看灏的反应。

灏有点吃惊地看着我。

我笑了："真的,我特别佩服你的妈妈。那么辛苦的工作她都能干得了,还毫无怨言,乐观开朗。她向我表示,不管多苦多累,都要供你上学,无论你上到哪一步,她都全力供应你。这是多么伟大的妈妈啊!所以,如今我们俩成了好朋友呢,一聊起来就有说不完的话。"

灏又一次吃惊地看着我,眼睛里还有点若有所思。

最后,灏郑重地向我表示:理解妈妈的辛苦和不容易了。为了妈妈,一定要好好学习。

我的心里真是熨帖极了。随后,我把灏的表态转告给他的妈妈,嘱咐她要看到孩子的变化,提醒她在灏的面前一定不要唠叨。她连连答应。

几天后,灏的妈妈给我发来一张一堆花生的图片,随后是文字:"你看看,李老师,给您准备的新花生。我怕焐坏了,放到太阳下晒一晒。等我忙完这阵子,就回郑州看您。"

一天下午,临近下班的时候,灏的妈妈给我发来微信:"李老师,您几点下班啊?我给您带了点花生,您不要嫌弃。我很快就到学校门口了,您一定要等着我啊。"

我既感动又过意不去:"谢谢,谢谢。只是,太麻烦你了。"

不一会儿,灏的妈妈出现在学校门口,手里拎着一个袋子,一副风尘仆仆的样子。我赶忙迎上去。

一见我,她就紧紧拉住我的手说:"李老师,感谢的话就不说了。孩子这些天变化可大了,再不跟我闹别扭了,还经常帮我倒垃圾,做家务。他爸爸说,嘿,这孩子懂事多了!我知道,这都是您帮助的结果。李老师,您人真是好,我总觉得一见您就有说不完的话,心里感觉很亲切。灏的爸爸还笑话我说,人家老师能看得上你嘛!我说他,你不了解李老师!以后,咱俩要永远做好姐妹,就是孩子毕业了,我也要来找您说话。您可不要删我的微信啊,我也不删您的微信……"

我插不上话,只有摇着对方的手,笑着,答应着……